活用心智圖快速抓重點，精準拆解考題與文章

新課綱必備讀書法、
高效筆記術與考試拿高分的技巧

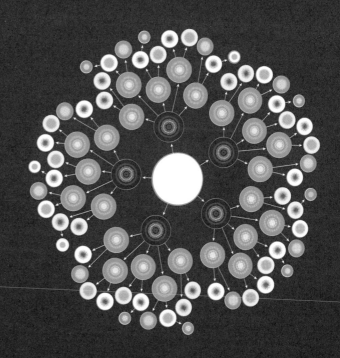

華人心智圖法權威
孫易新／著

學渣也能變學神

從小對於到學校上課，我就有著一份恐懼與排斥感，到了國中階段更是噩夢連連，任憑我上課時再怎麼認真努力、下課後拚命四處補習，甚至父母還幫我請了高雄師範大學數學系的同學到家裡一對一、手把手指導我，但考試成績就是不理想。1973 年 6 月，也就是我即將參加高中聯考的前一個月，爸爸還特別拜託高師大英語系應屆畢業的黃義虎老師住到我家，全天候給我魔鬼特訓，才讓我順利考上省立左營高中。

但是，從小學階段就沒打好學習基礎、只靠多做練習題、死記硬背的情況下，高中的生活簡直就是地獄，到了高二下學期，老師上課在講什麼，我幾乎完全聽不懂，尤其是國文、數學、物理、化學。眼看再混下去一定考不上大學了，還算有點自知之明的我，有一天晚上找爸爸溝通求助，提出我想要休學重考去就讀五專。爸爸瞭解了我的功課情況，以及面臨的痛苦壓力，終於答應我辦理休學，開始準備五專考試。大家一定很好奇，我那年考試的成績如何，是吧！

由於我已經唸到高中二年級了，加上經過大約半年的時間在升學補習班的全天候衝刺之下，我考上了省立鳳山高中、臺東師專與私立正修工專電機科，最後選擇了就讀正修工專。原本以為專科對課業的要求不會那麼嚴格，沒想到我錯了，除了體育課、音樂課之外，幾乎所有的科

目不是補考就是重修，五年當中不知道什麼叫做寒暑假，因為我都在重修。你一定不想步入我的後塵，對吧！

　　但是，你一定更好奇，為什麼中學時期的學渣，後來可以在美國拿到一個碩士、在臺灣讀完兩個碩士，博士學位居然還是來自國立臺灣師範大學呢？答案很簡單，我學習到了有效的讀書方法——心智圖法（思維導圖法，*Mind Mapping*），究竟這項被譽為「大腦瑞士刀」的學習方法，是如何改變我的學習成就？在本書當中我將為大家揭開神祕的面紗，這也是這本書出版的主要目的——讓讀書變成快樂的事情！

　　「心智圖法」是提升學習力與思考力的好方法，本書是陪伴你升學考試「過關斬將」，也是「終身學習」的好夥伴。為了讓更多同學能更加深入掌握心智圖學習法的精要，以及有心從事心智圖法教學的老師有深入學習的機會，除了書籍的出版之外，我們也提供了線上與線下的培訓課程，歡迎有興趣的同學、老師加入我們學習與教學的行列！

　　最後，本書能順利出版，有賴於商周出版編輯部黃靖卉與彭子宸提供許多撰寫上的寶貴意見，特此致上無限的謝意！

孫易新
2022 年 11 月 11 日
www.MindMapping.com.tw

PART 3 高效的讀書方法

成功方程式

不知道你是否也有下列的困擾…

缺乏靈感，作文寫不好！
記憶不好，昨天背、今天忘！
看不懂課文，抓不到考試重點！
要學習的東西太多，沒時間複習功課！
缺乏整合的能力，面對跨學科的考題一籌莫展！
邏輯分析能力不好，討厭數理科！
容易分心，專注力不集中！
沒興趣讀書，害怕考試！

以上是我自己就讀中小學時期的痛點，也是我近三十年來，
在教學的過程當中，從許多學生身上看到的問題！
如果也有幾個項目出現在你的身上，千萬別太擔心，那只不
過是大多數人都會面臨的問題而已。
在本書當中，我將介紹大家以心智圖為工具，透過幾個輕鬆
簡單的方法與步驟，可以大幅提升對課文內容的理解與知識
重點的記憶，解決你讀書學習的困擾。

第一章

教育發展趨勢與心智圖法

　　教育是什麼？希臘哲學家柏拉圖（Plato）說：「教育是為了適應往後生活所進行的訓練，它可以使人變善，從而培養高尚情操的行動。」美國教育心理學家杜威（John Dewey）則強調「教育即生活、學校即社會」，這充分說明教育不能脫離生活，教育的內容必須跟生活連結，教育才具有意義。

　　英國教育學家懷特海（Alfred North Whitehead）在 1929 年出版的《教育的目的（*Aims of Education*）》一書中明確指出，學校教育應該融入到日常的生活當中，每一個學科不應該單獨存在，學科與學科之間應該相互包容或融合。以技術教育、文學教育、科學教育為例，懷特海認為，在這三種類型的課程中，每一門課程都應該包括另兩門課程。例如歷史課教到三國時期的赤壁之戰，除了瞭解歷史的事實、帶給我們的啟示之外，應同時探究當時戰場的地理位置、時節與氣候等，以及欣賞後人描述赤壁之戰或與赤壁的相關文學作品。

　　心智圖法的四大核心關鍵之一「放射性思考模式的知識關聯性（Association）」，即是著重於將所學習的各種不同知識，依據教學或學習的目的，進行跨主題的整合，並能與自己的生活經驗做出連結。在本章當中，我將從教育趨勢的發展以及心智圖法的功能角色做出說明。

第一節 | 國內面臨的問題與國際趨勢

一、學習方法的重要性

　　聯合國教科文組織（UNESCO）於 1996 年發表《學習：內在的寶藏（*Learning：the Treasure Within*）》報告書，提出終身學習的四大支柱：學會追求知識（learning to know）、學會做事（learning to do）、學會與人相處（learning to live together）以及學會發展（learning to be）。這四大終身學習的支柱，都在強調「學會」，也就是先要有學習方法，把東西給弄懂，然後內化成自己的知識與能力。

　　回想四十幾年前，我就讀國小、國中的時候，教科書就只有國立編譯館的單一版本，即使平常沒有很認真讀書，到了考試前臨時抱佛腳，努力死記硬背一下，靠著短期記憶也可以勉強過關，甚至拿到不錯的成績。但是上了高中之後，過去的讀書方式就行不通了，因為很多學科（例如數學、物理、化學）都是奠基於國中時期的知識基礎。國中時期沒打好基礎，沒有真正的理解，到了高中遇到加深、加廣跨學科、跨年級的題目，過去的讀書方法就會讓讀書學習陷入痛苦的深淵。

　　當今以素養教育為主訴求的 108 課綱強調，孩子的學習活動不能侷限在學科的知識與技能，更應為了適應現在的生活、面對未來的挑戰，培養出應具備的知識、能力與態度，其願景在於成就每一個孩子能自主學習、適性揚才，最終能培養出以人為本的終身學習者。自主學習不是口號，是必須達成的目標，那麼就得讓孩子具有學習的熱忱與能力。心

智圖法已經被許多中小學老師透過實證性的論文研究，證實可以激發孩子學習的動機以及提升學習的成效，是一種幫助孩子培養自主學習能力的好方法。

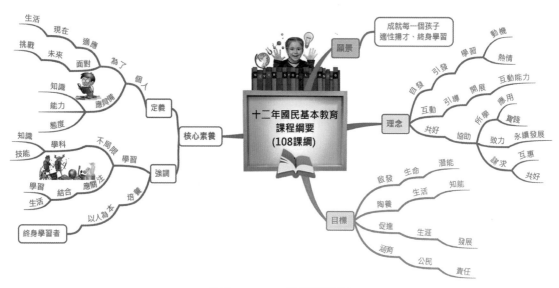

圖 1-1-01 108 課綱課程綱要

二、學好語文的重要性

　　然而我們在小學、國中階段應從哪些學科循序漸進著手，才能培養出具備適性揚才能力的終身學習者呢？

　　經濟合作暨發展組織（Organization for Economic Co-operation and Development，OECD）每三年大規模針對全世界六十幾個國家舉行的一項國際學生能力評量計劃（the Programme for International Student Assessment，PISA），目的在評估十五歲青少年的閱讀、數學和科學素

養，也就是檢驗這群準大人們是否具備了參與社會生活所需的基礎知識和技能。

換言之，閱讀理解、數學與科學是學習任何學科的核心素養。**語文閱讀理解的基礎沒鞏固好，解釋抽象概念的數學知識就學不好、考試的時候題目就看不懂，語文、數學沒學好，科學怎麼可能學得好。因此，語文可以說是學習各個學科的基礎能力。**

語文這個學科該學些什麼？我們不妨從語文的輸出科目「寫作文」來梳理一下，根據國民中學學生基本能力測驗寫作測驗評分的規準，包括了**立意取材、結構組織、遣詞造字與錯別字、格式標點符號**等四個向度。意即寫作的取材必須更加真實、豐富、獨特、創新；有心得、有感想、能思考、能反省；描寫深入，從具體到抽象、從現在到未來、從自己到別人；以更開闊的視野轉換角度或改變立場來思考。然而這麼豐富的內容，有賴於通篇文章縝密的結構組織，避免寫作時，想到哪裡就寫到哪裡，太過隨性的寫作，不叫做創意，這除了會造成前後不一貫的情況發生之外，也容易離題。

我整理了幾位語文老師對寫好作文的看法之後，歸納出組織結構、善用連接詞、修辭造句與增補細節四大原則。文章具有**良好的組織結構**，才能首尾連貫讓文章的組織更加完整；**善用連接詞讓條理更清晰**；**掌握修辭造句的技巧**，可以避免平舖直敘、直線思考，達到引人入勝的目的；**增補細節的目的在於增進文采**，讓描寫更加徹底、豐富，但前提是能掌握文章的中心思想，避免離題。

從寫好作文的原則，我們可以理解，在語文課裡掌握一篇文章的中心思想與組織結構是幫助閱讀理解的重要前提。

▌圖 1-1-02 寫好作文的四大原則

　　語文類暢銷書作家高詩佳在《文言文閱讀素養：從寓言故事開始》一書中指出，一般學生面對語文課，特別是文言文，往往停留在「原文、作者、查閱註釋」的傳統學習方式，這樣的讀書方法，是最枯燥無味的閱讀方式！真正有趣的讀法，應該是先理解每一篇文章裡的故事和寓意，之後回到字詞義的學習，就相當容易了。這充分說明能夠理解並掌握整篇文章的要旨與結構大意，是學習語文的關鍵。

　　回想自己國中、高中階段，確實沒把語文學好，尤其語文課當中的文言文最讓我頭疼，不僅很難理解文章的內容，更不知道該如何去背課文、記重點，但考試的時候偏偏就是要考註釋、考默寫。這也難怪近年來的教育改革，有一派的呼聲是要求降低文言文課文的比例，但也有一群語文老師認為不應該降低文言文的篇數。

　　反對文言文的學者指出，文言文只會增加學生的壓力，如果學生無法理解古文涵義，只能依靠背誦，又何以汲取其精華？但是支持文言文

的學者認為，多讀文言文可以加深國人對歷史的瞭解，增強民族自信心與自豪感，看不懂古文的問題，應該從教育資源、教學方法，例如心智圖法等進行補強，讓學生能夠理解文言文，進而熱愛傳統文化，而非抹殺自己文化的根源。

三、心智圖法對學習語文的幫助

　　從 108 課綱的核心素養以及聯合國教科文組織的終身學習四大支柱，均強調必須培養孩子的學習能力。我在中學階段成績不好，關鍵在於沒有掌握正確的讀書方法；害怕文言文是因為不知道如何理解、欣賞一篇文章。

　　心智圖法的理論基礎除了認知心理學之外，還包括了與語文密切相關的語意學。1997 年 9 月，我從英國博贊中心（Buzan Centres）將心智圖法引進到亞洲華人世界之後，它已經普遍在工作職場與學校場域被採用。二十幾年過去了，今天大家的需求已經不再只是想要學習如何畫一張心智圖，更著重於如何用，不僅要能解決痛點，更要對工作上、學習上產生更大的效益。學者謝美瑜在《心智圖法在國中國文讀寫教學上的應用》論文的研究結果也證實了心智圖法：

　　1. 是一種系統化的知識管理，建構學習鷹架。
　　2. 能幫助深入思考，增進理解、幫助記憶。
　　3. 便於摘錄重點，並可隨時修正調整。
　　4. 能夠激發創意。

　　教育部在臺灣師範大學國文系王開府教授等人的研究與推動之下，出版了《國語文心智圖教學指引》，強調心智圖能夠同時兼顧大腦左半

部的具象思考與右腦的抽象思考，讓「心」門敞開，「智」慧無限，「圖」解說文，讓教學內容或文章架構一目了然，實為訓練學生「歸納整理」與「多元聯想」之有效策略。

心智圖法為什麼能起到幫助深入思考，增進理解、提升記憶的作用呢？我在本書第五章將介紹一種基於心智圖的高效筆記方法——「心智圖RMMR學習法」，在本節中僅先以一個案例為大家說明它是如何「圖解說文」的。

四、心智圖的元素與意義

這裡有兩張心智圖，一張是七言絕句〈早發白帝城〉的心智圖筆記，另一張是以心智圖來說明繪製心智圖的規則，請各位同學觀察一下這兩張心智圖裡面包含了哪些元素，例如有「文字」對吧！除了文字之外還有哪些呢？請思考一下之後再繼續往下閱讀。

▌圖 1-1-03a〈早發白帝城〉的心智圖筆記

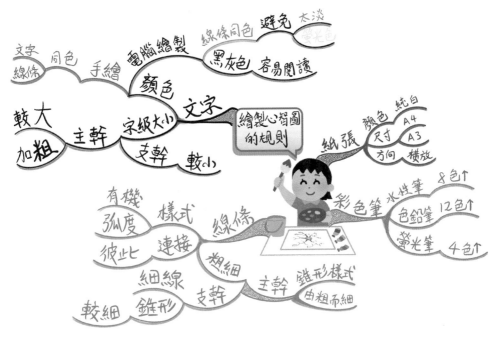

圖 1-1-03b 繪製心智圖的規則

你觀察到心智圖包含了哪些元素呢？除了文字之外，還有數字、通用符號，以及承載它們的線條、色彩、插圖，對吧！同時，透過這兩張心智圖，你能理解了唐朝大詩人李白創作這首〈早發白帝城〉的心情與意境嗎？接下來要背誦這首詩，是不是變得輕鬆有趣多了！你對繪製心智圖的規則是不是有了初步的認識呢？

在心智圖當中會使用到**文字、數字與通用符號**等來表達想法，這些通稱為**關鍵字**或**關鍵詞**；為了在視覺上區分不同類別或主題，以及表達對該主題的感受，我們會使用相對應的顏色來畫線條與書寫關鍵字；同時在特別重要、有意義的地方加上相關聯的插圖。這些寫在線條上的關鍵字，會依據心智圖扮演的功能，以樹狀的結構或網狀的脈絡來呈現動態的心智程序與知識的紀錄。

現在大家更有興趣的應該是，學習了心智圖或心智圖法，我可以應用到哪些場景，對吧！接著在下一節當中，將為大家說明它的功能與角色。

▌ 圖 1-1-04 心智圖的意義

第二節 | 心智圖法的功能角色

　　心智圖法（Mind Mapping）是一種有效提升大腦思考與學習能力的**方法**，能有效提升學習者自主學習的能力；心智圖（Mind Map）是它的主要工具，是一種視覺化的組織圖，常被做為記錄知識的筆記。說到使用心智圖記錄知識，我們首先得先弄清楚輸入的知識與輸出的知識是什麼？有什麼不同？

　　輸入的知識（Note Taking）包括了閱讀文章與學校上課、觀看教學影片時的讀書筆記；輸出的知識（Note Making）包括構思作文寫作、規劃活動、問題的原因分析與提出解決方案等。

　　接下來我將說明心智圖法如何幫助我們輸出知識的時候開啟思考的活口：提升創造力；整理讀書筆記或構思活動的時候，讓內容結構具備層次分明的模式：提升邏輯力。

一、開啟思考的活口：提升創造力

　　拆解分析一篇文章的重點，我們**提取關鍵字的時候要盡量精簡，不要寫一大串字，最好能保持「一線一詞」的原則為佳**。例如課文中有一句很重要的話「日月潭頭社水庫是台灣最小的水庫」，如果你把這整句文字寫在一個線條上，那跟條列式的筆記沒什麼兩樣，只是徒有心智圖的形式，但沒有心智圖法應帶來的功能。

▌圖 1-2-01a 一句話的心智圖

　　正確的心智圖法方式是「一線一詞」，每一個弧度線條上只寫一個關鍵字：「日月潭－頭社水庫－台灣－最小－水庫」。

▌圖 1-2-01b 一個關鍵字的心智圖

　　這樣我們可以從「日月潭」往下延伸出更多的知識點（景點、地標、重要設施等），例如除了「頭社水庫」之外，日月潭的設施景點還有「水社碼頭」、「伊達邵碼頭」，「頭社水庫」、「水社碼頭」與「伊達邵碼頭」三者之間在心智圖法稱之為並列關係。

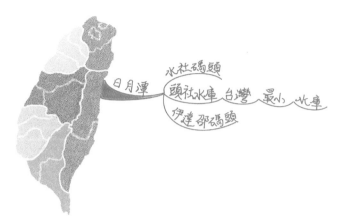

圖 1-2-01c 呈現並列關係的心智圖

　　這時候你一定發現了，重複出現的關鍵字有「碼頭」跟「水庫」，對吧！於是我們可以把「碼頭」跟「水庫」的位置調整到「日月潭」的下一層，讓「碼頭」與「水庫」成為並列的關係。

　　「碼頭」的下一層是「水社」、「伊達邵」，所以「水社」與「伊達邵」也是並列的關係。

　　「水庫」的下一層是「頭社」，那麼跟「頭社」並列的是什麼呢？我們是不是應該上網或到圖書館找找看，日月潭有幾個水庫呢？如此一來，從原本單一的知識點，我們掌握了心智圖法「一線一詞」的原則之後，讓知識的網絡不斷擴張，不但開啟了思考的活口，也激發了自主延伸學習的動機。

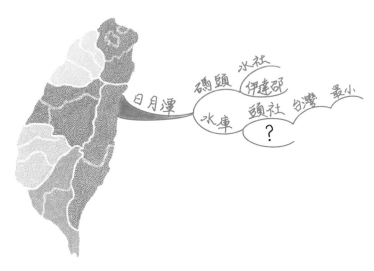

■ 圖 1-2-01d 開啟思考活口的心智圖

二、層次分明的思考模式：提升邏輯力

　　猶記得我年輕就讀實踐大學碩士班時，在黃登源教授的「市場調查研究」課堂上，同學們針對老師提出的問題進行討論時，大家七嘴八舌提出一大堆想法，但是負責在白板上記錄的同學實在很為難，因為大家的想法太發散、缺乏結構，又經常離題。這時黃教授搖搖頭跟我們說，「如果你們沒有養成『層次分明的思考模式』，很難進行有效的溝通，更遑論想要把研究工作做好。」

　　所謂「層次分明的思考模式」簡單的說就是：想法要有結構、要有系統性。當我們整理大量的資料時，要根據「主題目的性」做出分類，分類的層級要掌握同一個層級的類別概念，必須是相同的邏輯屬性。我這樣講，大家可能還是不很明白，我用例子來說明，例如這張〈禮運大同篇〉的心智圖看起來似乎沒什麼問題，其實它太有改善的空間了。

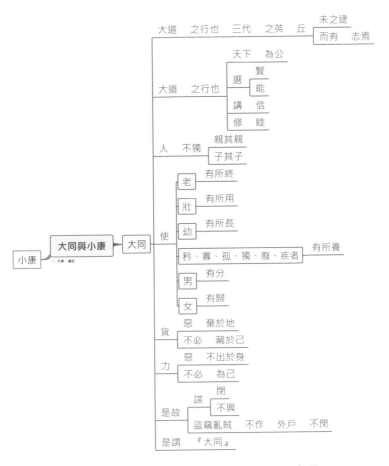

■ 圖 1-2-02a〈禮運大同篇〉：沒有做出分類的心智圖

　　它的問題在於沒有針對內容做出「分類」，如果將內容依據它們的**屬性**提取上層概念，就是類別的名稱：「論點」、「定義」、「論據」、「小結」、「寄託」，「論據」再區分成「世代／人物」、「政治」、「社會」、「經濟」……，這樣子閱讀起來是不是更清晰、更容易理解呢！這就是一種「層次分明的思考模式」。（圖 1-2-02b）

　　現在大家是不是對於「層次分明的思考模式」有初步的概念呢？在接下來的章節中，我會用更多整理讀書筆記的案例為大家示範說明。

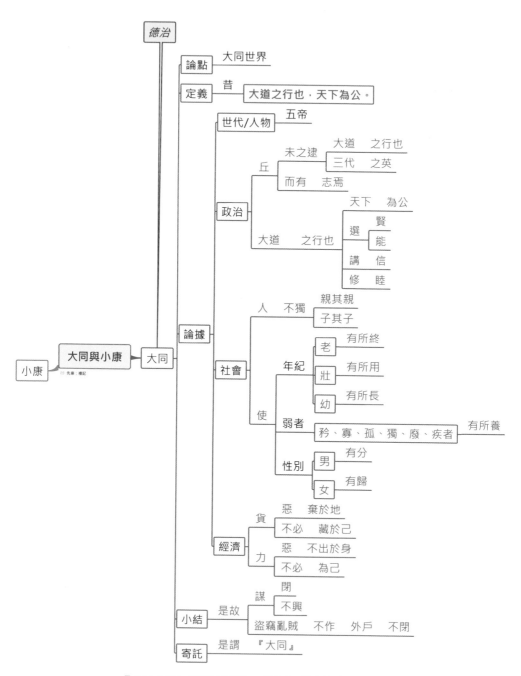

▋ 圖 1-2-02b〈禮運大同篇〉：層次分明的心智圖思考模式

第二章

考生面臨的
問題與解決方法

親職教育學者陳姝蓉指出，新課綱強調多元入學、重視孩子的自我發展，目的在於幫助孩子能夠自主地探索自己的性向、發揮自己的專長。然而新課綱上路之後，許多家長和考生都惶惶不安，學校老師也怨言不斷。一項立意良好的政策，何致於此？

第一節 | 考生面臨的問題

每年升學考試結束之後，報章媒體都會邀請各學科的資深教師分析本次題目的特色，以及預測未來的趨勢，出現最多的關鍵字就是「閱讀力」，顯而易見的就是考試題目的題幹加長了、增加了許多圖表的判讀，但是難度真的就增加了嗎？恐怕未必，關鍵在於能否理解題目的意思、能否看出題目想要問的重點是什麼？換言之，提升**閱讀理解與知識整合**的能力才是學生必須面對的問題。

例如 2022 年度國中教育會考的社會科試題第 1 題：

1. 某宗教的全球年度大型集會活動在 2017 年約有 235 萬人參與。表（一）為該年參與者的來源國及其人數，此一宗教活動最可能為下列何者？
   (A) 佛教浴佛節
   (B) 印度教大壺節
   (C) 伊斯蘭教朝覲
   (D) 天主教聖誕彌撒

■ 表（一）

國家	人數	國家	人數
沙烏地阿拉伯	600,108	伊朗	86,500
印尼	221,000	土耳其	79,000
巴基斯坦	179,210	奈及利亞	79,000
印度	170,000	阿爾及利亞	36,000
孟加拉	127,198	摩洛哥	31,000
埃及	108,000	其他	635,106

　　看完題目和四個答案選項之後，馬上可以知道這題是考：「這是哪一個宗教的全球年度大型集會？」，接著再從表（一）中，我們發現參加人數最多的前三個國家是沙烏地阿拉伯、印尼與巴基斯坦，他們的人民大多信奉伊斯蘭教，所以答案「（C）伊斯蘭教朝覲」是比較合適的答案。如果你還知道沙烏地阿拉伯與巴基斯坦的國教是伊斯蘭教，那就更加沒有懸念了。題目中的「2017 年」根本無關緊要，擺明是個干擾，至於「235 萬人」僅可做為人數比例的參考。

　　要能夠快速且正確地回答這一題，平常讀書的時候，就得瞭解世界各國人民信奉的是哪些宗教，以及主要的幾個宗教分布在哪些國家、佔該國人口的比例。然而要如何將這些零散的知識整合在一起，讓學習的當下以及往後複習的時候更加具有系統性、層次性與脈絡性呢？心智圖法就是我們的好幫手。

　　從上述的考題內容可得知，考的不外乎宗教的知識與國家的知識，所以平時讀書時，就可將每個宗教整理成一張心智圖，每個國家也是一張心智圖。接著在相關的知識點，採用**超鏈接方式**做出連結，讓我們在學習時，可以延伸學習相關的知識，讓知識體系更加具有整體性與脈絡性。

在以國家為中心主題的心智圖，「文化」的主要主題包括了「宗教」。在以宗教「伊斯蘭教」為中心主題的心智圖，在「國教地位」之下的「伊斯蘭共和國」，包括的國家有沙烏地阿拉伯、巴基斯坦等。

我們就可以從「伊斯蘭教心智圖」的沙烏地阿拉伯、巴基斯坦，超鏈接到「沙烏地阿拉伯」與「巴基斯坦」這兩個國家的心智圖。從「沙烏地阿拉伯心智圖」以國家為中心主題的文化－宗教－國教－伊斯蘭教－瓦哈比派，超鏈接到中心主題為「伊斯蘭教心智圖中」的教派、政治派別、主要派別、瓦哈比派。（圖 1-2-03）

新課綱強調素養題，就是跨學科的學習，能夠整合點、線、面的知識，並且在有限的考試時間內，快速看懂題目，聯想到如何解題。

以上的案例就是心智圖法的樹狀結構與網狀脈絡，除了可以讓知識體系具備層次分明的特性之外，也滿足了橫向連結的知識網絡。這是系統學習必備的基本技巧，也是本書出版的目的，希望能幫助同學掌握高效的讀書方法、考試拿到好成績，培養出終身學習的能力。

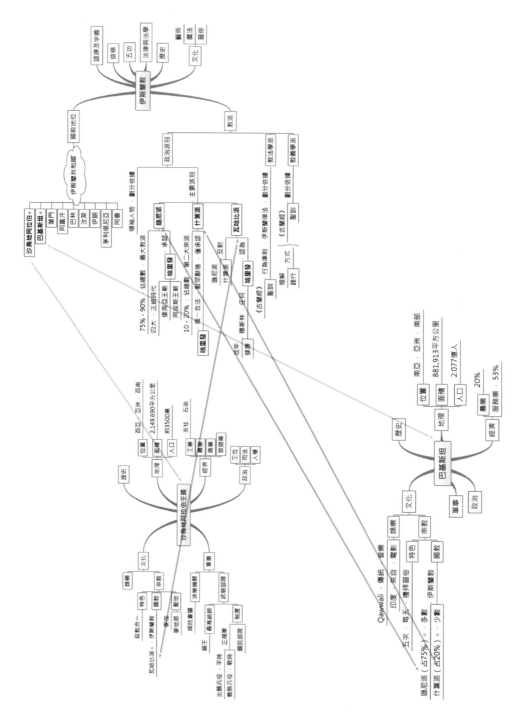

圖 1-2-03 整合知識的心智圖

第二節 | 學好心智圖法的三個重點

工欲善其事，必先利其器！

心智圖法對我的讀書學習有哪些幫助？我要如何學好心智圖法呢？這是很多學生、老師與家長的共同問題。

2011 年，我分析研究了 99 篇與心智圖法相關的學位論文之後，發現 100% 的論文都有正向的研究結果，這顯示出心智圖法確實在不同領域、主題都能產生正面的效益，涵蓋的項目包括創造力、問題解決、企劃能力、管理能力、設計與研發、閱讀、寫作、識字能力、語言學習、專注力、理解能力、學業成就、學習動機與態度、教學、亞斯伯格症學童、說話表達溝通與分享、組織學習、美術繪畫以及肯定心智圖的功能等。這些正向的成效，對於剛加入心智圖法學習行列的同學是一大鼓舞。

但是在我的研究中也發現，有 12 篇論文除了有正向的結果之外，同時也有一些與繪製心智圖或有關思考層面的負向趨勢；其中有 9 篇覺得手繪心智圖有困難、麻煩、浪費時間；2 篇不知道如何擷取關鍵字；1 篇會顛倒句子的順序；3 篇不知如何思考、聯想；1 篇內容多的時候心智圖會變得龐大；1 篇覺得他人看不懂自己的心智圖。這些問題也是初學者必須克服的，我在後續的章節中會逐一詳細解說的重點內容。在本節中，先說明學好心智圖法的三大重點：設定學習目標、掌握學習策略與養成學習的習慣。

一、設定學習目標

首先你得很清楚知道：

為什麼（WHY）你想要學習心智圖法？

你想透過心智圖法解決什麼問題（WHAT）？

學習的目標方向要很明確。例如，幫助你提升對文章的理解與記憶；學習的內容必須可以量化，也就是從一個大目標可以切割成幾個中目標，每一個中目標可以再切割成幾個小目標，每一個小目標都是可以執行的，其目的是要增加學習的動力與成就感。例如，我的**大目標**是學會用心智圖整理讀書筆記，**中目標**有整理不同文體的課文筆記、上課聽課時的筆記、整理跨學科的筆記，**小目標**是整理短篇文章的筆記。

設定學習目標之後，接下來就得掌握相關學習策略以落實（HOW）學習的目標。

二、掌握學習策略

想把心智圖法學好，一定得掌握有效的學習策略，基本上可分成四個步驟：

❶ 首先得對心智圖法和它的應用領域產生興趣，因為興趣、好奇心是驅動學習的重要因素。例如：五顏六色還有插畫的心智圖好好玩喔！如果能用它來把英語學好，我出國旅行就太方便了！

❷ 測試一下自己目前心智圖法的能力及應用領域現階段的程度。例如英語程度可以透過全民英檢、多益、雅思等測驗得知；而瞭解自己心智圖法的程度，可以選一篇內容不會太艱深的文

章，以心智圖整理成讀書筆記，接著請老師或專家根據「心智圖法技巧評量表」來評估你使用心智圖的程度。如果你希望孫老師機構的老師幫你做測試和評估，歡迎帶著你的心智圖作業到孫老師的培訓機構，有專人提供評估服務。

❸ 瞭解自己的實力之後，我們才能夠清楚地規劃自己的學習計畫以及尋求學習策略。例如，如果你只是一般的程度，但很想把英語學好，就得多多找尋適合自己程度的課程、有耐心的老師、交通便利的補習班……；想要高效學好英語，可以先學會心智圖法，然後用心智圖法來整理英語單字的字根、字首、字尾，幫助自己記憶更多的新單字。

❹ 根據第③步驟規劃出的學習計畫，選擇適合自己而且比較有效的學習策略來落實執行。

三、養成學習的習慣

如果要養成良好的學習習慣，有二個方法值得參考：

❶ **21 天法則**。持續 21 天以上，每天安排一個特定的時段，每次大約 30~45 分鐘的時長，練習以心智圖整理讀書筆記，讓它逐漸成為一種習慣。

❷ **群聚效應**。由於自己一個人學習的時候會有惰性、容易放棄，如果透過團體學習，在老師的指導、同學的鼓勵之下，成群結隊一起邁向目標，會讓自己更有力量維持學習熱忱，以及精進學習的方法。

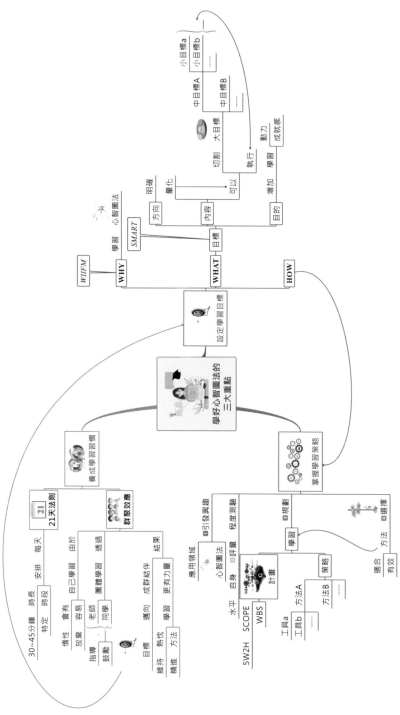

圖 1-2-04 學好心智圖法的三大重點

心智圖法技巧評量表

● 若該題目不適用此次課程內容時，請勾選「本題不適用」。

心智圖法技巧			評分											本題不適用
			非常差←　　　　　　→非常好											
			1	2	3	4	5	6	7	8	9	10	
繪圖	圖像	【01】圖像能以彩色（三色以上）方式來表現。											
		【02】圖像能夠貼切所要表達的想法並能觸發五官的感受。											
		【03】A4 紙張的中心圖像寬高大約 5 公分左右，其他尺寸紙張按照比例縮放。											
	空間	【04】整張心智圖能夠保留適當的空間，避免擁擠，並充分均衡運用整張紙。											
	文字	【05】中文字清晰整潔端正，英文字以印刷體書寫。											
		【06】文字寫在線條上方。											
		【07】中文字書寫方向由左到右。											
	色彩	【08】色彩豐富化，並有助於分類管理。											
	線條	【09】與中心主題圖像相連的主幹線條由粗到細。											
		【10】線條彼此之間要連接在一起。											
		【11】線條不要太僵硬，層次要分明、有生命力（Organic）。											
		【12】線條長度大約等於其上方文字或圖像的長度。											
	紙張	【13】水平方向橫放。											

● 若該題目不適用此次課程內容時，請勾選「本題不適用」。

心智圖法技巧			評分											本題不適用
			非常差←　　　　　　→非常好											
			1	2	3	4	5	6	7	8	9	10	
構思	圖像	【14】中心主題圖像在紙張的中央，有利於放射思考。											
		【15】圖像畫在重要資訊的地方來標示重點所在，吸引注意力。											
	色彩	【16】主幹線條與其之後的所有支幹線條使用同一種顏色，但為表達特殊資訊關聯性不在此限。											
	邏輯順序	【17】CHM(BOIs) 分類與形成階層化的邏輯概念。											
		【18】關鍵字的排列組合能夠掌握水平思考與垂直思考的邏輯。											
		【19】內容組織層次分明，從屬關係清晰明確。											
	資訊關聯性	【20】使用關聯線條、圖像或顏色來指出不同位置資訊的關連性。											
	文字	【21】Note Making 線條上的關鍵字只寫一個字詞。Note Taking 則以簡潔為原則。											
		【22】關鍵字的選擇能夠切合主題需求。											
風格		【23】整張心智圖看起來很活潑、有趣、好玩。											
		【24】心智圖的繪製方式具有個人獨特的美感。											
各欄分數加總：														
總　　分：														
平　　均：總分（　　　）÷ 24 =														

心智圖學習法：
邏輯結構與概念模組

一個人罹患老年癡呆症的機率和看電視的時間成正比，和閱讀書籍的時間成反比！為什麼呢？

因為，看電視是一種偏向被動式的接收資訊，閱讀則是主動式的思考；電視中的情境畫面是由製作單位幫你規劃設計，閱讀書籍時，則是經由讀者的想像力，在腦海中浮現屬於自己獨創的畫面。

簡單的說，腦袋要靈光，就是要經常動動頭腦！

心智圖法是以視覺化的圖表與圖像為工具，呈現我們心智思維運作歷程與結果的方法。它運用關鍵字、線條、色彩、圖像等元素，以具有邏輯性的分類結構或因果關係，或非邏輯性的自由聯想，透過樹狀結構與網狀脈絡形式的組織圖，呈現此人動態的心智程式與記錄知識的過程。

在本章節，我將透過幾個好玩的練習來說明心智圖法的操作技巧，也順便鍛鍊一下你的大腦。

第三章

建立心智圖學習法的
邏輯思維

　　如果你把自己所有穿戴在身上的東西，全部放在一個大箱子裡，每次出門想要找某一件衣服或褲子，好不好找呢？當然不好找！翻來翻去就是找不到。為了方便找到東西，我們會購買衣櫥、衣櫃，分門別類地把類似的東西放在一個抽屜或衣架上，例如一個衣櫃放冬天的衣物，另一個衣櫃放夏天的；衣櫃上層的抽屜放內衣褲、中層放衣服、下層放褲子，這樣子要找東西的時候，就可以很方便、很快地找到它。

　　不過，你的衣櫥空間終究有限，如果把用不著的東西、破損不能穿的衣物，也依照類別放到合適的抽屜，就會造成這個抽屜大爆滿，即使做好分類了，還是不容易找到想要穿的衣服，所以要懂得捨棄不需要的衣服，把它們放到街口的衣物回收桶或轉送給有需要的人。

　　讀書學習知識也是一樣的道理，課本裡的知識點，如果沒有經過分類，全部硬塞到腦子裡，考試或需要用到的時候，一個也想不起來，所以知識一定要先挑出有意義的「**關鍵字**」並將它們做出「**分類**」。

第一節 | 心智圖法的邏輯結構

要說明如何挑出有意義的「**關鍵字**」並將它們作出「**分類**」之前，先幫大家梳理一下，今天我們學習的心智圖法，在邏輯結構上，有二種重要的思維模式，大家一定要先弄清楚。

第一種稱之為「**光芒般的聯想**」，它是一種水平式思考、是一種並列式的思考。舉例來說，學校裡面人物的「角色」有「老師」、「行政」、「學生」；學校裡人物的「個性」有「外向」、「中性」、「內向」。

「角色」與「個性」就是從人物所展開的水平式、並列式的關鍵字；從角色展開了「老師」、「行政」、「學生」，從個性展開了「外向」、「中性」、「內向」等水平式、並列式的關鍵字。

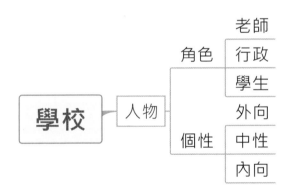

圖 2-1-01 從「學校人物」展開光芒般的聯想

第二種思維模式叫做「**接龍式的聯想**」，它是一種垂直式思考、是一種遞進式的思考。舉例來說，學校裡面人物的「角色」有「老師」，「老師」有「學科」，「學科」有「數學」。

▌圖 2-1-02 從「學校人物」展開接龍式的聯想

　　如果我們把「光芒般的聯想」與「接龍式的聯想」融合在一起，就形成一張心智圖的放射性（Radiant）思維模式。

　　心智圖法還有一個重要的原則，就是線條上的文字要盡量簡潔，最好掌握「一線一詞」的原則。「一詞」指的是一個語詞或一個不可的概念。例如「學校人物」可以拆解成「學校」「人物」，這樣我們從「學校」又可以展開跟「人物」並列的想法，例如「建築物」「設備」。如果大家想對心智圖法的基礎操作有更深一層的學習，可以閱讀我的另一本書《案例解析！超高效心智圖法入門》。

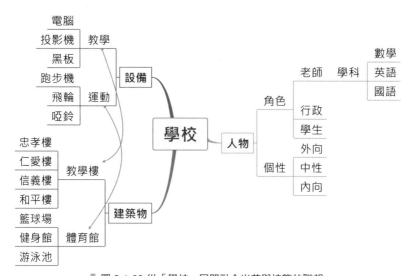

▌圖 2-1-03 從「學校」展開融合光芒與接龍的聯想

第二節 | 提取關鍵字（Key Word）的技巧

什麼是關鍵字呢？每次問同學這個問題，大家都會回答「就是很重要的東西嘛」，聽起來好像沒錯，但這個答案有回答跟沒有回答是一樣的，面對一篇課文你還是不知道用紅筆或螢光筆要標示出來的關鍵字是哪幾個！

一篇課文的關鍵字可以從二個方面來做出決定：

一、能概括這篇文章意思的那幾個字

我們的課文大多是描述或列舉的文章，所以關鍵字就是內容是在說明、描述與主題相關的資訊。

例如人、事、時、地、物或5W1H：Why事件的原因、What事件的內容、Who與事件相關的人物、When發生事件的時間、Where發生事件的地點、How事件是如何解決的，以上這些都是文章的重點。

現在我以〈英法聯軍之役〉這篇文章的的一、二、三段，以5W1H為大家示範關鍵字在哪裡，你們試著把第四、五、六段當中的關鍵字標示出來吧！我們在下一節還會以這篇文章為大家講解如何分析拆解一篇文章，並整理成心智圖筆記的技巧。

英法聯軍之役

WHY事件源起（遠因）

WHO與事件有關的人

WHAT導致事件的背景

因為清廷禁止販賣和吸食鴉片，爆發了與英國之間的鴉片戰爭，清廷戰敗，與英國簽訂了中國近代第一個不平等條約《南京條約》之後，歐美列強為了擴大在華的權益，多次要求重新修訂過往所簽訂的條約，但都被清政府所拒絕，於是決定再度訴諸武力。

當時歐美列強當中的英國與法國都處於帝國快速擴張時期，到處佔領別國的土地，設置殖民地，掠奪資源。

WHY事件源起（近因）

WHEN引發事件的關鍵時間

WHERE事件的相關地點

1856年10月，廣州水師在黃浦碼頭亞羅號商船逮捕走私的水手，英國駐廣州領事巴夏禮卻聲稱「亞羅號」是英國船隻，因而出兵攻打廣州，法國則利用同年2月其傳教士在廣西被殺案，決定聯合英國出兵。

WHAT導致事件的主要藉口

英法聯軍之役共分兩個階段，1856到1858年是第一階段。1856年（咸豐六年）10月，英軍首先炮轟黃埔。1857年12月英法聯軍攻陷廣州，次年1月俘虜兩廣總督葉名琛。1858年5月，聯軍北上攻陷大沽，威脅天津、北京，咸豐皇帝急忙派使議和，6月分別與英國和法國簽訂《天津條約》。

第二階段從1859到1860年。簽訂《天津條約》之後，清廷加強大沽設防。1859年，前來換約的英法聯軍欲強登大沽，被清軍擊退，戰事再起。1860年，英法聯軍大舉北上，先後佔據舟山、煙台、旅順、大沽、天津，並攻入北京，縱兵掠奪、燒毀圓明園。10月，清廷除承認《天津條約》有效，又與英法簽訂續增的《北京條約》，包括割讓南九龍給英國。

英法聯軍之役使中國進一步的割地、賠款，喪失主權。社會精英發現政府內政貪汙腐敗，國防屢戰屢敗後，產生了革新的思想與革命的行動。

▶二、依照學習的目的來決定哪些是關鍵字

這裡包括了：

❶ 明示需要記住的知識或觀念。包括課本中提示必須學習的綱要，文章中以粗體字或不同字體來表示的，或以圖表或插圖進一步說明的；上課時，老師特別強調的知識點或指定我們必須的學習主題、方向；出現在考古題、測驗卷的題目或答案當中的知識點。

我以〈達文西小學注射流感疫苗計畫通知〉這篇閱讀測驗，說明如何提取關鍵字並能在考試當中順利回答正確答案。首先把文章很快看過一遍，閱讀的時候別忘了腦袋裡要以 5W1H 作為心錨，先對內容有個大致上的理解即可。

達文西小學注射流感疫苗計畫通知

天氣逐漸轉涼了，同學們應該都知道，在冬季流行性感冒會迅速蔓延擴展，一旦感染會出現流鼻水、畏寒、發燒、頭昏腦脹、筋骨酸痛、全身無力等不舒服症狀，這些都會影響上課時的學習。

預防流行性感冒最佳的方式就是提升自身的免疫系統，以抵抗入侵的病毒。主要方式有賴我們日常生活中多運動、吃大量的蔬菜、水果來保持身體的健康，但也可以通過施打疫苗來增強對病毒的抵抗力。

我們學校決定為全校老師、職員與學生施打流感疫苗，以防止潛藏的病毒在校園流竄，造成大範圍的感染。學校安排了醫務室的護士在 9 月 2 日到 3 日每天上午八點到下午四點，在醫務室為全校師生施打疫苗，大家可以利用下課或中午休息時間，攜帶教職員證或學生證即可免費注射。

身處在校園裡，大家彼此接觸頻繁，每一位師生都有可能罹患流行性感冒，如果有人感染，很快會傳染給別人。因此，只要你對預防病毒有興趣的話，都可前來接受接種疫苗，特別是患有心臟病、肺病、支氣管疾病或糖尿病患者。但是，如果你對蛋過敏、患有急性熱病或孕婦，那麼就不要施打疫苗。

　　這是一個志願性的活動，如果你確定可以施打疫苗，請在 9 月 1 日之前，上學校官網醫務室專區登錄資料，如果你想施打疫苗，但無法在預定的時間參加，請通知醫務室張小玲護理長，她會盡可能為你安排另外的時段。

　　若想進一步諮詢相關事項，請撥分機 5013 聯絡張小玲護理長。

　　閱讀完畢之後，我們可以發現，第一段告訴我們冬天快到了，流感會蔓延，罹患的話會有一些不舒服的症狀，而影響上課。第二段說明想要避免罹患流感的話，就得提升自己的免疫系統，方法有很多，打疫苗是其中一種。第三段提到學校將安排由誰在什麼時候為哪些人在什麼地方打疫苗。第四段提到哪些情況更應該打疫苗，哪些情況先不要打疫苗。最後說明如何登記打疫苗，不能在規定時間施打疫苗的話，或有問題要聯絡誰。

　　對文章有了概貌的理解之後，接下來仔細地把測驗題目看清楚，並拿出筆來圈出關鍵字。

問題 1：下列何者是達文西小學施打流感疫苗的特色？

A 配合運動健身的課程來施打疫苗。

B 在週一到週五上學期間施打疫苗。

C 接受施打疫苗的同學可以獲得小禮物。

D 由營養師來為大家注射疫苗。

問題 2：如果要預防流行性感冒的病毒入侵，注射疫苗是：

A 比經常運動與健康的飲食更有效。

B 是一個好方法，但不能替代運動與健康的飲食。

C 跟經常運動與健康的飲食一樣有效，而且比較不麻煩。

D 如果你經常運動且飲食都很健康，那麼就不用考慮了。

問題 3：根據文章的內容，以下哪個人需要跟張小玲護理長聯絡？

A 已經懷孕 6 個月的輔導室蔡老師。

B 一年五班李同學的爸爸，他也想要注射疫苗。

C 教數學的王老師，他想知道注射疫苗是否屬於強制性。

D 三年六班的黃同學，他想施打疫苗，但 9 月 1 日他出國參加科學競賽，9 月 10 日才回國。

問題 4：二年一班的陳同學罹患流行性感冒，因此請假在家休息。
除了是因為身體出現不舒服的症狀之外，你認為還有其他的原因嗎？

問題 5：在文章當中有一句話「只要你對預防病毒有興趣的話」。當訊息發出之後，有老師建議應該把這句話刪除或修改，因為它有誤導的成分。你同意這句話有誤導的成分，且應該刪除或修改嗎？請解釋你的看法。

問題 1：題目的關鍵字是「施打疫苗」「特色」，這和文章內容好像還不太能夠連結，不清楚答案是在文章的哪裡。別急，繼續把四個答案也閱讀一下，我們看到 A 和 B 是什麼時候施打疫苗，在 A 選項的關鍵字是「運動健身」「課程」，B 選項的關鍵字是「週一到週五」「上學期

間」；C是打疫苗送禮物，所以關鍵字是「送禮物」；D是施打疫苗的人，關鍵字是「營養師」。

問題1：下列何者是達文西小學施打流感疫苗的特色？

A配合運動健身的課程來施打疫苗。

B在週一到週五上學期間施打疫苗。

C接受施打疫苗的同學可以獲得小禮物。

D由營養師來為大家注射疫苗。

圈出四個答案的關鍵字之後，我們馬上知道了這一題是出現在文章第三段。於是我們在把第三段仔細看一次，並圈出跟四個答案相關的關鍵字。

我們學校決定為全校老師、職員與學生施打流感疫苗，以防止潛藏的病毒在校園流竄，造成大範圍的感染。學校安排了醫務室的護士在9月2日到3日每天上午八點到下午四點，在醫務室為全校師生施打疫苗，大家可以利用下課或中午休息時間，攜帶教職員證或學生證即可免費注射。

跟答案A、B有關的關鍵字是「9月2日到3日」「上午八點到下午四點」「下課」「中午休息」，這幾個關鍵字組合在一起的意思就是「上學期間」的非上課時間，所以A是上運動健身課程，這個答案是錯的，B看起來是正確的；跟答案C有關的關鍵字是「免費注射」，並沒提到送禮物，所以C不會是最佳答案；跟答案D有關的關鍵字是「護士」，不是營養師，所以D也是錯的。因此正確答案揭曉啦，就是B。剩下的

四題請各位同學自己挑戰一下吧！

❷ **自己關心的議題或想學習的內容：**例如具有爭議的觀點或意見；對真實性或正確性有存疑之處；書中特別重要或有價值的內容；自己想要進一步延伸探究或學習的知識點或主題方向。

現在我們來看一下〈臺灣地形〉這篇文章，在第三段說明「平原、丘陵和台地主要分布於西部」，在一般的情況之下，課文寫什麼，我們就學什麼。但是，根據心智圖法的原則，跟「主要」並列的關鍵字有「次要」、「少部分」；和「西部」並列的關鍵字有「東部」。但文章並沒有說明「平原、丘陵和台地」少部分分布在臺灣哪裡，也沒說明臺灣東部有沒有「平原、丘陵和台地」。於是我在文章當中把這句話圈起來，並在一旁打上個問號，這是我要追根究柢、延伸學習的知識點。

臺灣地形

臺灣地形主要以山地、丘陵、盆地、台地及平原為主體。其中以山地的面積最為廣大，山脈大致呈南北走向，有海岸山脈、中央山脈、雪山山脈、玉山山脈和阿里山山脈等五大山脈。

中央山脈北起蘇澳，南至鵝鑾鼻，形成本島的脊樑，也是東、西部河川的分水嶺。玉山山脈的主峰玉山高度 3952 公尺，是臺灣全島最高峰。

平原、丘陵和台地主要分布於西部，平原地勢最為低平，約占臺灣總面積的 30%，以嘉南平原最大。台地地勢較平原為高，頂部比較平坦，例如林口台地。丘陵斷續分布於山地的邊緣，高度多在數百公尺，起伏較山地為小。中間低平，四周環山的地形則稱之為盆地，例如臺北盆地。

▌圖 2-1-04 依照學習的目的來決定關鍵字

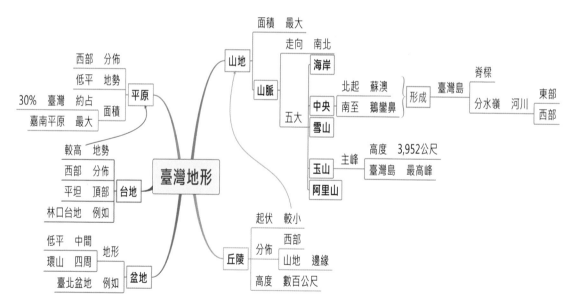

▌圖 2-1-05a 只整理文章內容的心智圖筆記〈臺灣地形〉

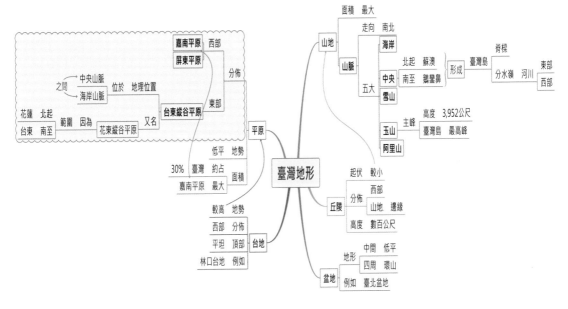

■ 圖 2-1-05b 延伸學習的心智圖筆記〈臺灣地形〉

　　針對這個知識點，我以「臺灣 平原」做為關鍵字，上網查了一下，就發現分布在臺灣西部的平原，除了文章提到的「嘉南平原」之外，還有一個「屏東平原」，東部也有「臺東縱谷平原」，它的地理位置位於中央山脈和海岸山脈之間，因為它的範圍北起花蓮，南至臺東，所以又名「花東縱谷平原」。

　　哇！是不是很棒呢？如果考試的題目要你說出臺灣西部與東部至少三個平原的名稱，讀死書的同學，就算把這篇文章背得滾瓜爛熟，也只會說出嘉南平原，但是在你的心智圖讀書筆記當中，你會把延伸學習的知識點補充進來，成績一揭曉，勝負立判！

　　能夠做到這點，不但可以解決整合型、甚至跨領域的考試題目，還能養成終身學習的好習慣。

第三節 ｜ 形成邏輯分類的思維方式

　　當我們想要將一大堆東西做出分類的時候，從思考的方向，有從大類到小類的分析模式，以及從小類到大類的歸納模式；從思考的內容，有依照它們的特徵屬性或依照我們的任務目的來進行分類。

　　為了讓我們整理出來的讀書筆記是容易閱讀的、清晰易懂的，我們就得先把這二種形成邏輯分類的思維方式梳理清楚，這不僅可以提升對文章內容的理解與記憶，也能幫助我們分析問題、規劃專案的時候，建立出一種層次分明的思考模式，讓腦袋保持清新、掌握事件的全貌、看清事物的關聯性、避免遺漏關鍵要素、能夠直擊問題的重點。

一、思考的方向

❶大類到小類的分析模式

　　這是一種先從大方向、從比較抽象的概念著手，做出大的分類之後，然後再從大類的內容中去思考，可以再把它們分成哪幾個中類或小類，一直往下到最後的幾層，或最下方的那一層，就是具體的事物，或對事物做出描述說明的資訊。

　　例如在這篇介紹「臺灣屏東」的文章中，我們把它閱讀一次之後，要先思考這篇文章介紹了「臺灣屏東」幾件主要事情或幾個主題。我們從文章中可以發現，它是要介紹「臺灣屏東」的氣候，以及與高雄相鄰的一條河川，所以先提取出來的關鍵字有「氣候」與「河川」，我是以象徵氣候的藍色和河川的綠色來畫重點。

臺灣屏東

臺灣屏東的**氣候**，濕季從每年的 4 月中旬到 10 月底，天氣炎熱、沉悶、大部分是陰天；旱季是從 11 月初一直到隔年的 4 月初，溫暖、潮濕是晴時多雲的好天氣，是適合前往旅遊的季節。全年溫度一般在 15℃ 至 33℃ 的範圍內，降雨最多的月份是 8 月，平均 320 公釐之多，最少的月份是 1 月，平均降雨量為 15 公釐。

在地理位置上，屏東以高屏溪與高雄為界。發源於中央山脈的高屏溪全長 171 公里，由荖濃溪、楠梓仙溪、濁口溪、隘寮溪等四條主要河川匯流而成，流域面積 3257 平方公里，是臺灣流域面積最廣的河川。

以心智圖的呈現方式，就是從中心的「臺灣屏東」展開二個大光芒的線條，在線條上寫上「氣候」與「河川」，這是先掌握了文章內容的大方向。

▋ 圖 2-1-06a 分析式的心智圖筆記：掌握大方向〈臺灣屏東〉

接著分別從「氣候」與「河川」這二個大類，繼續分析看看往下一層會有哪些中類的東西，就是提到了「氣候」的那些資訊，說明了「河川」的什麼知識點。

在「氣候」的部分說明了屏東的季節有濕季與旱季、溫度的範圍，以及降雨最多與最少是在什麼月份與它的數值。

臺灣屏東

　　臺灣屏東的氣候，濕季從每年的 4 月中旬到 10 月底，天氣炎熱、沉悶、大部分是陰天；旱季是從 11 月初一直到隔年的 4 月初，溫暖、潮濕是晴時多雲的好天氣，是適合前往旅遊的季節。全年溫度一般在 15℃ 至 33℃ 的範圍內，降雨最多的月份是 8 月，平均 320 公釐之多，最少的月份是 1 月，平均降雨量為 15 公釐。

　　在地理位置上，屏東以高屏溪與高雄為界。發源於中央山脈的高屏溪全長 171 公里，由荖濃溪、楠梓仙溪、濁口溪、隘寮溪等四條主要河川匯流而成，流域面積 3257 平方公里，是臺灣流域面積最廣的河川。

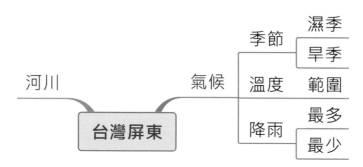

▌圖 2-1-06b 分析式的心智圖筆記：探究中類的知識點〈臺灣屏東 - 氣候〉

　　接著再繼續把「氣候」裡有關季節的濕季與旱季、溫度的範圍，以及降雨的細節資訊找出來。

臺灣屏東

　　臺灣屏東的氣候，濕季從每年的4月中旬到10月底，天氣炎熱、沉悶、大部分是陰天；旱季是從11月初一直到隔年的4月初，溫暖、潮濕是晴時多雲的好天氣，是適合前往旅遊的季節。全年溫度一般在15℃至33℃的範圍內，降雨最多的月份是8月，平均320公釐之多，最少的月份是1月，平均降雨量為15公釐。

　　在地理位置上，屏東以高屏溪與高雄為界。發源於中央山脈的高屏溪全長171公里，由荖濃溪、楠梓仙溪、濁口溪、隘寮溪等四條主要河川匯流而成，流域面積3257平方公里，是臺灣流域面積最廣的河川。

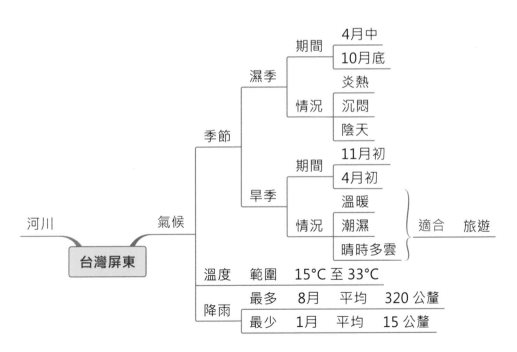

▌圖2-1-06c 分析式的心智圖筆記：整理細節內容〈臺灣屏東-氣候〉

接著是分析「河川」的這個大類有哪些資訊。「河川」是介紹屏東有一條重要河川，叫做高屏溪，屏東以它做為與高雄的邊界，同時也說明了高屏溪發源地、長度是多少、由哪幾條河川匯流而成，以及它的流域面積。

臺灣屏東

臺灣屏東的氣候，濕季從每年的 4 月中旬到 10 月底，天氣炎熱、沉悶、大部分是陰天；旱季是從 11 月初一直到隔年的 4 月初，溫暖、潮濕是晴時多雲的好天氣，是適合前往旅遊的季節。全年溫度一般在 15℃ 至 33℃ 的範圍內，降雨最多的月份是 8 月，平均 320 公釐之多，最少的月份是 1 月，平均降雨量為 15 公釐。

在地理位置上，屏東以高屏溪與高雄為界。發源於中央山脈的高屏溪全長 171 公里，由荖濃溪、楠梓仙溪、濁口溪、隘寮溪等四條主要河川匯流而成，流域面積 3257 平方公里，是臺灣流域面積最廣的河川。

▋ 圖 2-1-06d 分析式的心智圖筆記：探究中類的知識點〈臺灣屏東-河川〉

同樣的，最後再將屏東因高屏溪與哪個縣市作為邊界、它的發源地、長度是多少、由哪幾條河川匯流而成，以及它的流域面積等細節資料畫上底線。

臺灣屏東

臺灣屏東的氣候，濕季從每年的 4 月中旬到 10 月底，天氣炎熱、沉悶、大部分是陰天；旱季是從 11 月初一直到隔年的 4 月初，溫暖、潮濕是晴時多雲的好天氣，是適合前往旅遊的季節。全年溫度一般在 15℃ 至 33℃ 的範圍內，降雨最多的月份是 8 月，平均 320 公釐之多，最少的月份是 1 月，平均降雨量為 15 公釐。

在地理位置上，屏東以高屏溪與高雄為界。發源於中央山脈的高屏溪全長 171 公里，由荖濃溪、楠梓仙溪、濁口溪、隘寮溪等四條主要河川匯流而成，流域面積 3257 平方公里，是臺灣流域面積最廣的河川。

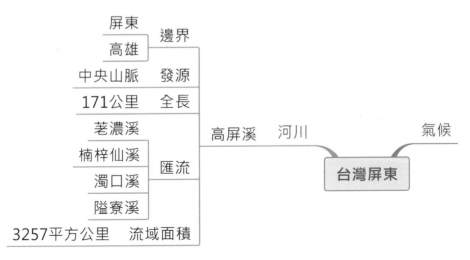

┃ 圖 2-1-06e 分析式的心智圖筆記：整理細節內容〈臺灣屏東 - 河川〉

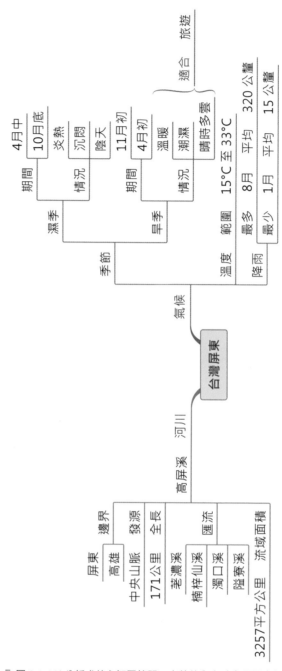

台灣屏東

氣候
- 季節
  - 濕季
    - 期間
      - 4月中
      - 10月底
    - 情況
      - 炎熱
      - 沉悶
      - 陰天
  - 旱季
    - 期間
      - 11月初
      - 4月初
    - 情況
      - 溫暖
      - 潮濕
      - 晴時多雲
- 溫度
  - 範圍 15°C 至 33°C
- 降雨
  - 最多 8月 平均 320 公釐
  - 最少 1月 平均 15 公釐

適合 旅遊

河川
- 高屏溪
  - 邊界
    - 屏東
    - 高雄
  - 發源 中央山脈
  - 全長 171公里
  - 匯流
    - 老濃溪
    - 楠梓仙溪
    - 濁口溪
    - 隘寮溪
  - 流域面積 3257平方公里

▋ 圖 2-1-06f 分析式的心智圖筆記：完整的內容〈臺灣屏東〉

❷ 小類到大類的歸納模式

解析一篇文章，會使用到歸納模式的情況，大多是文章中並沒有出現較高層次的資訊或中類、大類的名稱，但是為了幫助理解文章的內容，我們為一些關鍵字提取出上層的概念，甚至為這個上層概念再提取更上層的概念。這個技巧我們在第四章的學科案例中會頻繁出現，也代表這個「提取上層概念」的歸納技巧是非常重要的。

例如〈桃花源記〉開頭的這一小段：

晉太元中武陵人捕魚為業

「晉太元中」，晉是晉朝（265 年－ 420 年），是中國歷史上的朝代之一，它上承三國，下啟南北朝，屬於六朝之一。區別於五代時期的後晉，又稱為司馬晉。太元（376 年－ 396 年）是東晉孝武帝司馬曜的第二個年號。於是我們為「晉」提取一個上層概念「朝代」，為「太原」提取一個上層概念「年號」。

「武陵人捕魚為業」，這句話就比較好理解了，一位住在武陵的人，他的職業是捕魚，也是〈桃花源記〉這篇故事的主角。所以「武陵」的上層概念是「居住地」，「捕魚」的上層概念是「職業」。

▌圖 2-1-07a 歸納式的心智圖筆記：提取上層概念〈桃花源記〉

接著我們可以再想想看，可不可以為「朝代」、「年號」、「居住地」、「職業」這四個關鍵字再進行歸納呢？「朝代」跟「年號」是說明這個故事的「時間」，「居住地」和「職業」是說明故事「主角」的相關資訊，所以我們分別提取了「時間」、「主角」這二個更上層的概念。

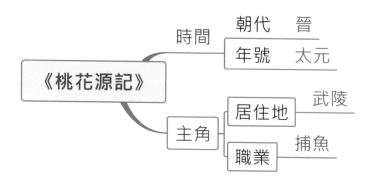

我們再來挑戰一下！「時間」、「主角」這二個概念，可以歸納成一個什麼關鍵字嗎？〈桃花源記〉是一篇記敘文結構的故事，作者陶淵明先生在文章一開頭，以「晉太元中武陵人捕魚為業」這句話，對故事發生的「時間」，以及做為依託嚮往理想世界的「主角」，做了故事背景的介紹，所以可以歸納出的一個關鍵字就是「背景」。

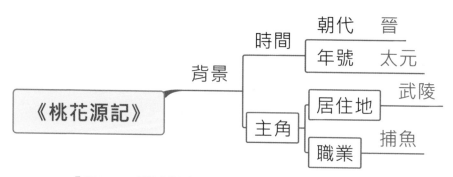

以上從思考的方向，為大家說明講解的分析式與歸納式，在整理一篇課文讀書筆記的時候，是兩者同時會發生、是同時進行的。意即我們一方面根據文體或文章標題對文章進行分析，展開它的結構，同時也將文章中的關鍵字，依照它的屬性歸納出上層的結構。

二、思考的內容

1. 依照事物的特徵屬性做出分類

這是一種將具有相同特徵或屬性的事物歸類在一起的思考方式，這也是一種同時進行分析與歸納的思考過程。

> 香蕉、電視機、小貓、鉛筆、小狗、洗衣機
> 兔子、蘋果、剪刀、微波爐、榴槤、圓規

例如下列這 12 項物品當中，哪 3 個是的**特徵屬性**是比較相同的，總共可以歸納成那四大類呢？請在第一層的大光芒線條上寫出類別名稱，它後面的三個小光芒線條上寫出物品名稱。做完之後，再翻到下一頁核對一下參考答案。

▌ 圖 2-1-08a 根據特徵屬性進行分類（學生作答）

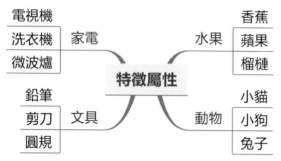

▌圖 2-1-08b 根據特徵屬性進行分類（參考答案）

2. 依照我們的任務目的做出分類

這是一種將具有相同任務或目的的事物**歸類**在一起的思考方式，這也是一種同時進行分析與歸納的思考過程。只是分析的情況會多一點，但歸納的場合也會出現的。

例如下列 16 項事物，哪些是準備考試、哪些是生日 Party、哪些是登山探險、哪些是出國旅行呢？請在第一層的大光芒線條上寫出類別名稱，它後面的四個小光芒線條上寫出物品名稱。做完之後，再翻到下一頁核對一下參考答案。

字典、蠟燭、護照、指南針、行李箱、2B 鉛筆、蛋糕、雨傘、
手電筒、外幣、墊板、卡片、罐頭牛肉、信用卡、參考書、小禮物

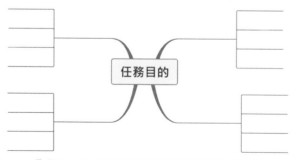

▌圖 2-1-09a 根據任務目的進行分類（學生作答）

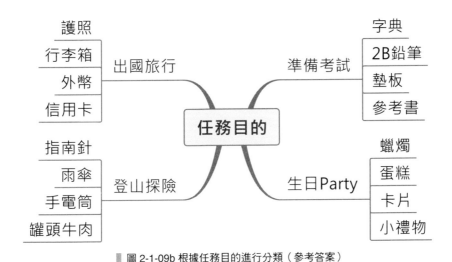

護照
行李箱
外幣
信用卡
出國旅行

字典
2B鉛筆
墊板
參考書
準備考試

任務目的

指南針
雨傘
手電筒
罐頭牛肉
登山探險

蠟燭
蛋糕
卡片
小禮物
生日Party

▌圖 2-1-09b 根據任務目的進行分類（參考答案）

　　大家瞭解了分類的基本原則與技巧之後，一定很想知道不同文體的文章或不同學習的目的，如何將課文的關鍵字做出系統性的分類，好幫助我們理解與記憶，對吧！沒問題，我們在下一節將以案例為各位同學進一步說明講解。

第四章

分析各種文體的基本概念模組

　　瑞士兒童心理學家皮亞傑（Jean Piaget）從人的認知層面去觀察自己的孩子，將認知發展看成一個不斷同化與調適的歷程，他發現大概可以區分為四個發展階段，分別是 0-2 歲的**感覺動作期**（Sensorimotor）、2-7 歲的**前運思期**（Pre-operational）、7-11 歲的**具體運思期**（Concrete Operational）與 11-16 歲的**形式運思期**（Formal Operational）。

　　在前運思期階段的孩子，雖然思考比較不合邏輯，也不能看到事物的全貌，但已經能使用符號來代表實物。因此，從幼兒園階段開始，就可以嘗試使用孩子認識世界的第一本書——《兒童繪本》做為學習心智圖法的材料。

　　進入到具體運思期的階段，儘管還無法進行抽象思考，但思維已經能按物體的某種屬性做為標準，進行分析式的排列組合，從而做出比較；或將具有相同或相似特徵的事物放置在一起，進行歸納的組合。在進行分類的思維模式時，已經具備區別主類（大類）與次類（主類中所包含的各次類）之間關係的能力。因此在小學階段，可以選擇課本中故事類的文章、或主題式的說明文，做為練習心智圖筆記的範本，等技巧逐漸成熟就可進一步以 5W2H 的模組來分析一篇文章。

　　到了中學階段的形式運思期，由於抽象思考的能力開始逐步形成，

加上新皮亞傑主義的倡導學者認為，皮亞傑的四階段論不能含涵蓋孩子認知發展的全部歷程，應該增加**後形式思維**（post-formal thinking）的第五發展階段，在此階段思考形式應採取多元、彈性與因時因地制宜的模式。

相信大家都同意，心智圖法是一種可以有效提升閱讀理解的讀書筆記方式。但是一般初學心智圖法的學生最怕整理語文課文，或是整理出來的心智圖毫無章法結構，其中一個關鍵的原因就是不清楚、無法掌握各種文體的基本結構，也就是我一直強調的**概念模組**。

由於各個學科都需要以文字的形式來解釋說明其知識內容，因此學生透過心智圖法培養閱讀理解能力的學習過程中，不論你是小學生或中學生，都可先從故事繪本或語文課本中挑選經典文章，根據課文的文體與作者的寫作技巧，循序漸進地先掌握並熟悉基本的「原始型模組」的各種型態，並選擇文章只有「單一概念模組」的課文來練習，技巧純熟之後，最後目標是能輕鬆駕馭「多重概念模組」的課文，來提升學習的動機與學業的成績。

在本節中將為大家介紹基礎的「原始型模組」種類，以及如何應用「原始型模組」來分析拆解一篇文章。

第一節 │ **記敘文模組**（語文）

　　記敘文包括了「記」和「敘」兩個方面。「記」即是記載、描寫靜態的「人、事、物、景」；「敘」是敘述「人、事、物、景」的變化和發展。

　　記敘文寫人、敘事、狀物與記景的四種類型中，寫人的記敘文是敘述人物的外貌、性格、語言、行動、心理特徵為主要重點，亦即透過對人物深動的刻畫，來表達內心思想與感情。

　　狀物的記敘文主要是「託物言志」，也就是透過對動物、植物、生活物品與建築物等的描述，來表達內心的情感。

　　敘事的記敘文主要是記錄事件，著重在描述事件的開始（起因）、經過（發展）、轉折（變化）與結果（結局），透過事件來表達作者的見解與感受。

　　記景的記敘文則是借景抒情、以景喻情，透過景物來闡述文章的主題。

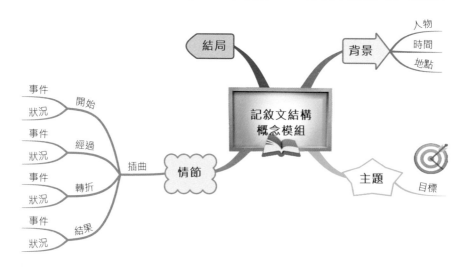

▌圖 2-2-01 記敘文模組

我以東晉陶淵明的〈桃花源記〉這篇記敘文當中的部分內容，為大家示範以如何以心智圖來拆解分析記敘文結構與內容。

背景：人、事、時、地、物

晉太元中，武陵人捕魚為業。

情節：發現桃花林

緣溪行，忘路之遠近，忽逢桃花林，夾岸數百步，中無雜樹，芳草鮮美，落英繽紛，漁人甚異之。復前行，欲窮其林。

林盡水源，便得一山，山有小口，彷彿若有光，便舍船，從口入。初極狹，纔通人，復行數十步，豁然開朗。

情節：桃花林見聞

土地平曠，屋舍儼然。有良田、美池桑竹之屬，阡陌交通，雞犬相聞。其中往來種作，男女衣著，悉如外人，黃髮垂髫，並怡然自樂。

見漁人，乃大驚，問所從來，具答之。便要還家，設酒、殺雞、作食。村中聞有此人，咸來問訊。自云：「先世避秦時亂，率妻子邑人來此絕境，不復出焉，遂與外人間隔。」問「今是何世？」乃不知有漢，無論魏、晉！此人一一為具言所聞，皆歎惋。餘人各復延至其家，皆出酒食。

情節：離開桃花林

停數日，辭去。此中人語云：「不足為外人道也。」

既出，得其船，便扶向路，處處誌之。及郡下，詣太守，說如此。

結果：再尋桃花林

太守即遣人隨其往，尋向所誌，遂迷，不復得路。 南陽劉子驥，高尚士也，聞之，欣然規往，未果，尋病終。後遂無問津者。

根據記敘文的結構，我們從中心代表文章主題的「桃花源記」展開四個大光芒，在線條上分別寫上「背景」、「主題」、「情節」與「結果」。

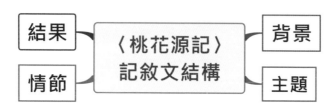

文章中，「背景」包括了對故事的人物，發生的地點、時間做個簡單的介紹，作者陶淵明僅僅以「晉太原中，武陵人捕魚為業。」11 個字描述背景。

為了幫助我們提升對內容的理解，以及掌握記敘文寫作的結構，根據心智圖法的分類與階層化（CHM, Classification & Hierarchy Method）的原則，在上一節我們學習了由下層往上層的歸納方式，在心智圖當中提取了上位階（層級）的概念，並以黑色字體來表示，與線條同色的字體則是原文中的文字內容（複習歸納的技巧請參考圖 2-1-07c 的說明）。

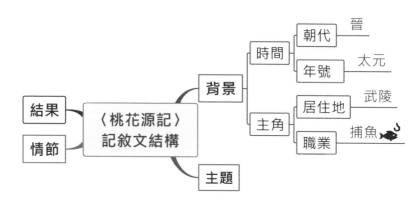

■ 圖 2-2-02b 記敘文模組〈桃花源記〉展開「背景」的結構與內容。

「主題」是作者寫這篇文章的目的，也是寄託這個故事訴說心中的嚮往，類似於論說文的「論點」。「論點」這個信息在論說文中通常出現在文章的開頭，例如韓愈的〈師說〉開頭第一句話「古之學者必有師」，把這篇文章想要論述的主題，明明白白地告訴讀者；跟現在職場上要求工作彙報的時候「結論先行」，就是先講結論，再說作法，最後再解釋說明你的依據，有著異曲同工之妙。

　　但是記敘文的主題不見得會出現在文章當中，往往得由讀者去詮釋，幸運的是，在語文課本中「文章賞析」的部分或上課時老師都會解說這篇文章的主題是什麼，如果都沒有的話，怎麼辦？孫老師告訴你，上課的時候記得要舉手發問。但是你不可能永遠都待在學校讀書，早晚要從高中、大學、研究所畢業邁入職場，為瞭解決生活上、工作上的問題，或是個人的閱讀興趣，接觸到記敘文的時候，只要學會閱讀一篇文章之後，如何歸納總結出這篇文章主題的能力，就能輕鬆找到主題。〈桃花源記〉是孫老師中學時期非常喜歡的課文之一，可能當時年紀尚輕，體會不出陶淵明的情懷，一直搞不懂為什麼這篇文章的主題，課本上寫的是「嚮往理想世界」，我認為主題應該是「為人必須信守承諾，受人之託、忠人之事」，你認同嗎？

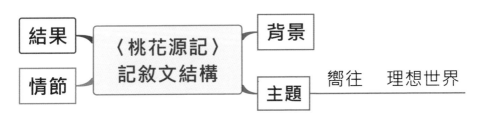

■ 圖 2-2-02c 記敘文模組〈桃花源記〉展開「主題」的內容。

「情節」是文章中篇幅較多的部分，在結構上可以拆分成「開始」、「經果」、「轉折」與「結果」來敘述「人、事、物、景」的變化和發展，每一個發展階段也會包括記載、描寫靜態的「人、事、物、景」。

在文章中，「緣溪行，忘路之遠近，忽逢桃花林……既出，得其船，便扶向路，處處誌之。」是整個故事的情節，也就是記敘文的敘事。為了幫助理解內容，我們把漁人到桃花林旅遊的故事，先拆解成三大主題，也就是三段小故事，分別是「發現桃花林」、「桃花林見聞」與「離開桃花林」。

也就是把「緣溪行，忘路之遠近，忽逢桃花林……豁然開朗。」歸納提取出上層概念「發現桃花林」。

「土地平曠，屋舍儼然……餘人各復延至其家，皆出酒食。」歸納提取出上層概念「桃花林見聞」。

「停數日，辭去。此中人語云……得其船，便扶向路，處處誌之。及郡下，詣太守，說如此。」歸納提取出上層概念「離開桃花林」。

如此便可看出每一段小故事又都有它的開頭與發展，例如「發現桃花林」這一段記景的內容，「緣溪行，忘路之遠近」是故事的開頭；「忽逢桃花林，夾岸數百步，中無雜樹，芳草鮮美，落英繽紛，漁人甚異之。復前行，欲窮其林。 林盡水源，便得一山，山有小口，彷彿若有光，便舍船，從口入。」是故事的發展；「初極狹，纔通人，復行數十步，豁然開朗。」是故事的轉折。

在心智圖當中，我們在「發現桃花林」的下一層，以三個小光芒線條來表示這段小故事的結構。

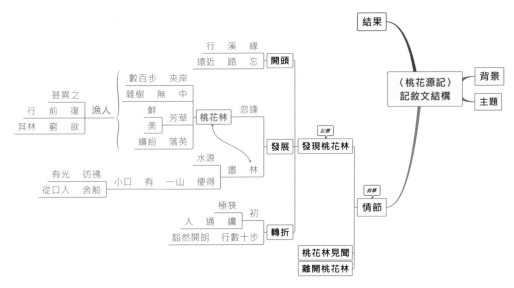

圖 2-2-02d 記敘文模組〈桃花源記〉展開「情節」的結構與內容。

　　敘事類的記敘文依照時間或空間的發展，到最後會有個「結果」或「結局」，否則可真吊足了讀者的胃口。這篇故事的結果是在文章的最後這段話：「太守即遣人隨其往，尋向所誌，遂迷，不復得路。南陽劉子驥，高尚士也，聞之，欣然規往，未果，尋病終。後遂無問津者。」我把它歸納成「再尋桃花林」。

　　因為這句話的意思是說，太守知道有這麼一個人間仙境，於是派人跟著漁人，循著當時留下的記號去找這個地方。太守可能是想把桃花林開發成旅遊景點，或想跟他們徵收地價稅、房屋稅、綜合所得稅吧！文章沒說明白，你覺得可能的原因是什麼呢？住在南陽的劉子驥先生也去找，不但沒找到，不久之後還病死了！真邪門，害得後來沒人敢再去找桃花林。這都是在描寫漁人離開桃花林之後，有人又想要去尋找這個地方，所以採用「再尋桃花林」做為故事的結果。

　　同學們，你會不會對太守的動機，以及劉子驥的死因存有疑問呢？

你想不想從其他文獻探索真相，解開這個千古奇案呢？也就是延伸學習的意思，那麼你可以在「太守」和「劉子驥」這兩個關鍵字的地方特別做出標示，提醒自己有空的時候，以它做為學習的出發點，我是以黃的底色來標示的。

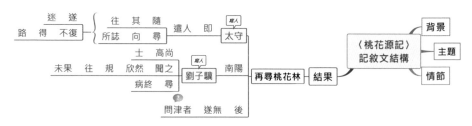

▌圖 2-2-02e 記敘文模組〈桃花源記〉展開「結果」的結構與內容

在此也要向大家說明一下，以上為大家示範的這張〈桃花源記〉心智圖是為了幫助理解課文的大意與文章結構，而不是一字不漏的記憶全文，因此在心智圖當中將省略部分不影響理解的文字，以後大家整理讀書筆記的時候，也可以遵循這個原則。

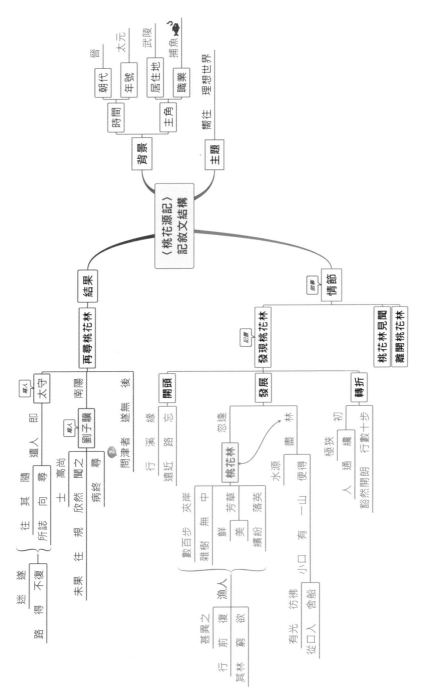

圖 2-2-02f 記敘文模組〈桃花源記〉

第二節 | 故事類型模組（語文、歷史、課外讀物）

　　故事類型的文章，是屬於敘事的記敘文。如果說兒童繪本是孩子認識世界的第一本書，故事書則是開拓視野的終身學習之窗。從小孩到大人，每個人都喜歡看故事書，故事類型的文章有童話故事、寓言故事、科學家故事、英雄故事、慈善家故事、冒險故事、生活故事、名人傳記……等。

　　在語文課文中安排故事類型的文章，可以吸引同學們的學習興趣，學習新字、新詞，還能提高語文的素養、激勵正向的改變、培養健全的人格，以及習得解決生活問題的能力。上歷史課就好像在聽故事，歷史課本就是一本真實的故事書。在教學應用上，不少中外學者對故事題材的文章結構，紛紛提出了一些看法與建議。臺灣屏東教育大學特殊教育學系侯美娟、黃秋霞與鍾屏蘭等學者，綜合歸納中外學者的觀點，提出了故事結構應有的基本要素包括了：

❶ 主角：主角與特徵。

❷ 背景：事件的時間與地點。

❸ 主要問題：主角要解決的問題。

❹ 事件經過：事件的發展與經過。

❺ 結局：事件的結果。

❻ 主角反應：主角的內在感受或啟示。

　　因此，根據故事的基本要素，其心智圖的原始型基本概念模組，除了和記敘文一樣，包括了故事的背景（起），發生這個故事的主要原因、面臨的問題（再起），故事的發展經過與轉折等（承、轉），以及故事的結局（合）之外，還可加上這個故事帶給自己的感想啟發等（再合）。

▌ 圖 2-2-03 故事類型模組

　　接下來我將以一篇語文課文和二篇歷史課文，為大家示範如何拆解分析故事結構的心智圖筆記方式。

▶ 語文課的故事文章——明朝劉基《郁離子》〈狙公〉

背景：

　　楚有養狙以為生者，楚人謂之狙公。旦日，必部分眾狙于庭，使狙率以之山中，求草木之實，賦什一以自奉。或不給，則加鞭箠焉。群狙皆畏苦之，弗敢違也。

經過～起：

　　一日，有小狙謂眾狙曰：「山之果，公所樹與？」曰：「否也，天生也。」

經過～承：

　　曰：「非公不得而取與？」曰：「否也，皆得而取也。」

經過～轉：

　　「然則吾何假于彼而為之役乎？」言未既，眾狙皆寤

經過～合：

　　其夕，相與伺狙公之寢，破柵毀柙，取其積，相攜而入于林中，不復歸。狙公卒餒而死。

　　在語文課有不少文章是需要背誦的，印象中，我就讀中學的時候，背課文這件事情總是我的噩夢，當年老師也沒有教我們怎麼背課文，我只能不斷朗讀，靠的是死記硬背，可想而知，這樣的效果一定很差。如果能把文章先拆解，瞭解一篇文章總共分成幾個區塊，再透過分析故事內容的「人、事、時、地、物」等因素，提取出關鍵字，那麼背誦一篇文章就輕鬆多了。

　　為了對照與精準記住文章的內容，我們可以採用**文字框的形式**，將原文分段列在心智圖當中。在心智圖的原文關鍵字之上，增加了一些上層的概念，例如「時間」、「地點」、「人物」、「小狙一問」、「眾狙一答」等等，則可以幫助理解內容。

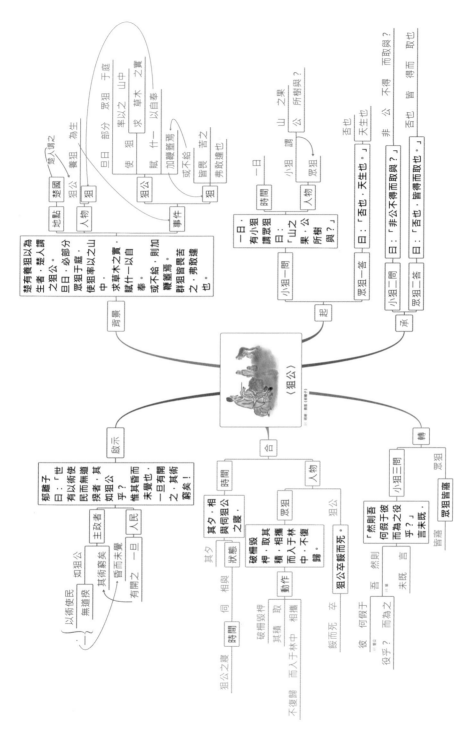

圖 2-2-04 語文課的故事文章〈狙公〉

▶ 歷史課的故事文章 ──〈牡丹社事件〉

　　歷史課之所以有趣，是因為課文中有不少章節都是在說故事，這類型的文章基本上可以採用**故事結構模組**來分析。國中的歷史課文中，開始出現說明人類的演進、國家社會的制度與變革等等，這些類型的內容則必須採用**說明文的結構模組**才合適。在本節中，我會先說明歷史科故事結構模組的心智圖，後面章節再進一步講解說明文的結構模組。

牡丹社事件

開始：

　　清同治十年（1871），當時屬於清廷藩屬的琉球，有漁民在海上遭遇海難，漂流到位於臺灣南部的原住民部落牡丹社，很不幸遭到原住民殺害。這時候日本藉機擴大事端，聲稱琉球人是日本的人民，於是與清廷進行交涉，清廷卻聲稱牡丹社原住民是「化外之民」，所以對日本的交涉並未重視。
於是在同治十三年（1874），日本派遣軍隊侵犯臺灣，牡丹社的原住民群起抵抗，於是爆發衝突。

經過：

　　由於日本軍隊水土不服，很多士兵生病死亡，造成士氣低落；同時英國、美國等西方列強，擔心日本侵略臺灣的行動會影響到他們的商業利益，因此向日本政府施壓，日本只好決定撤兵，並與清廷展開和平談判。

結果：

　　談判結果，清廷被迫支付撫恤金給琉球受難漁民的家屬，收購日本在臺灣所興建的道路、房舍等設施，並承認日本侵略臺灣的行動是「保民義舉」，等於間接承認了琉球是日本的屬地。

這篇〈牡丹社事件〉是歷史短文，在事件的發生原因中，同時涵蓋了事件的背景，因此將故事模組當中的「背景」與「原因」結合在一起，在心智圖的主要結構是以事件的「開始」、「經過」與「結果」做為最上層的關鍵字，也就是將整篇故事拆解成這三個部分。

　　在「開始」之下，所包括的內容是說明為何會發生「牡丹社事件」。為了幫助我們理解事件發生的情節，仍然以分析故事背景的「人、事、時、地、物」等因素，做為提取關鍵字的依據。

　　首先，事件發生的原因可以透過兩個時間點：「同治十年」與「同治十三年」，拆分為「遠因」與「近因」。在這兩個「時間」分別有不同的「人物」粉墨登場，在不同「地點」演出不同「事件」劇情。

　　在「同治」「十年」、「人物」之下，以四個小光芒線條，**並列**的方式**從上到下**列出人物出場的順序，並在人物名稱之後，說明發生的事件內容。

　　在「同治」「十三年」、「人物」之下，以兩個小光芒線條，**並列**的方式說明日本軍隊與牡丹社原住民衝突的原委與事件發展。

　　在「經過」與「結果」的這兩大分支，也是相同的邏輯去分解文章。

　　為了區別哪些關鍵字是文章原本的內容、哪些是分析故事文章的概念模組，原文我採用與線條相同顏色，故事模組的關鍵字採用黑色。

　　我們已經學習了記敘文與敘事的故事模組，大家一定會發現在內容結構中，不斷出現**原因、事件、人物、時間、地點、處理方式**等相關的關鍵字。沒錯，這就是我們常說的邏輯思考首部曲：5W2H，它不但是描述或列舉的基本且重要的形式，也是我們分析拆解一篇文章的重要模組。

　　因此，孫老師再以 5W2H 的心智圖為大家解析一篇歷史文章。

　　一篇文章中，5W2H 的概念往往不會只是單一的並列方式來呈現，它們是以多重、相互交疊的形式出現的。例如在〈斯卡羅事件〉這張心

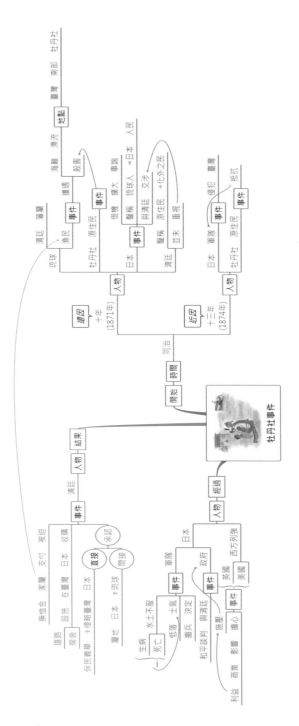

█ 圖 2-2-05 歷史課的故事文章〈牡丹社事件〉。

活用心智圖快速抓重點，精準拆解考題與文章

智圖的背景，也是這個事件為什麼（WHY）會發生？在事件為什麼會發生之下，又拆分成事件（WHAT）與利害關係人（WHO）；事件之下又包括了原因（WHY），有遠因也有近因；在利害關係人的臺灣原住民酋邦，進一步說明了名稱（WHAT）、統治疆域（WHERE）、建立者與頭目（WHO）；在建立者之下說明了他們發生了什麼事情（WHAT）以及去了哪裡（WHERE）。（圖 2-3-06）

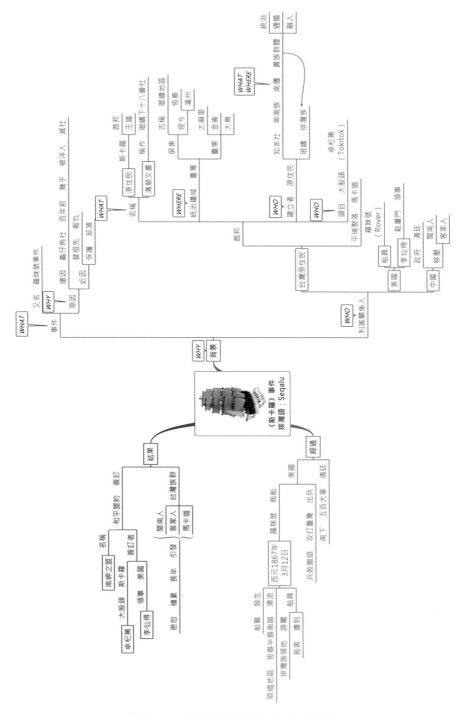

■ 圖 2-2-06 歷史課的故事文章〈斯卡羅事件〉

▶ 課外讀物 ──〈三隻小豬的真實故事〉

　　許多優良的課文讀物，像是圖文書的圖畫、顏色與情節，充滿心理學的教育意義，不論對孩子或父母，或在家庭教育上，都可以產生很大的指導作用。但大多數的學生只把課外讀物當作消遣而已，這實在太可惜了！其實，課外讀物也很適合初學心智圖法的同學，做為入門的練習素材。

　　閱讀過一本課外讀物之後，再透過整理成心智圖筆記的過程，進行反思提問或意義詮釋，可以讓我們聚焦在真正的問題上，父母或老師也能引導孩子思考故事的各種可能發展，培養多元的創意思維與決策的邏輯性。

　　例如，這張〈三隻小豬的真實故事〉心智圖，不會只記錄故事的情節，更重要的是在「啟發」的部分，告訴我們新聞媒體的報導，不一定是事件真實的全貌。所謂的「真相」，也因為不同的立場的人，而會有不同的詮釋。〈三隻小豬的真實故事〉讓我們省思並提醒自己，平常看待事情必須客觀地從不同的角度探討事情的真實性。

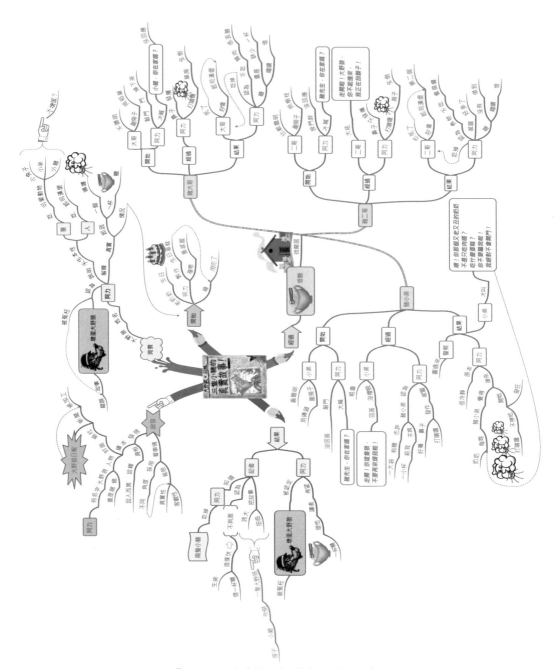

▌圖 2-2-07 故事模組〈三隻小豬的真實故事〉

第三節 | **說明文模組**（數學、物理、化學、地理、歷史）

　　說明文是通過對事物的特徵、性質、形態、功能、原理、來源、成因與發展等進行解說，讓人們清楚明白事物道理。這種以「說明事理」為主的一種文體有三大特點，分別是科學性、客觀性與知識性。

　　有些同學會發現，說明文與記敘文之間好像存在著重疊的關係，不過兩者還是有差異的。在表達方法上，**說明文以解說、闡明為主，記敘文則以敘述說明為主**；在內容的要求上，**記敘文可以充滿主觀的情感色彩，說明文則必須客觀地反映事實**。因此數學、生物、地理、物理、化學、歷史、地理等，幾乎所有的學科都會以說明文的形式來解釋相關的觀念與知識。

　　說明文常見的表達方法有：

★ 以概括或概判方式說明定義或主要觀念、主題。

★ 引用文獻記載、資料記錄、故事傳記來進行說明。

★ 列舉事件的事實，說明難以理解的抽象概念或原理原則。

★ 以序列方式說明事件的歷程或步驟。

★ 採用比較或對照對照的方式，說明事物的共同或差異。

圖 2-3-01 說明文模組

　　為了讓大家對於以心智圖法來分析拆解不同學科有個概念，接著我將以案例示範說明。

▶ 數學心智圖

　　很多同學害怕數學課，我自己在小學、國中、高中階段，數學也是常常不及格。其實數學本來應該是很有趣、好玩的，因為它跟我們的日常生活息息相關，但由於它是一種利用符號語言來研究數量、結構、變化與空間的學科，透過使用抽象化與邏輯推理，來觀察計數、計算、量度、物體的形狀與運動等的學習方式與過程，因而讓學生不容易清楚明白課文中所要說明的概念。如果能採用心智圖的形式來呈現知識內容，則有助於梳理抽象概念，提升對內容的理解。

〈分數的意義與性質〉

　　這段文章說明了分數的定義與相關的觀念，因此我以說明文模組，概括中的「定義」、「觀念」以及「案例」來進行解析。

分數的意義與性質

一、分數的定義：

　　1. 一個物體、一些物體等都可以看作一個整體，把這個整體平均分成若干份，這樣的一份或幾份都可以用分數來表示。

　　2. 一個整體可以用自然數 1 來表示，通常把它叫做單位「1」。

　　3. 把單位「1」平均分成若干份，表示其中一份的數叫做分數單位。

　　4. 分子比分母小的分數叫真分數，分子比分母大或分子和分母相等的分數叫做假分數。

二、分數與除法的關係：分子是被除數，分母是除數。　　觀念

三、分數的基本性質是分子和分母同時乘以或除以 0 以外的相同的數，分數的大小不變。

　　在這個文章中並沒有舉出案例，但我們可以在心智圖結構中，以重疊的模組方式，在「定義」或「觀念」中加上「案例」。

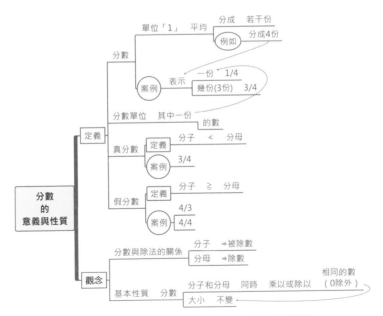

▎圖 2-3-02 說明文模組：數學〈分數的意義與性質〉。

實數

在數學上，實數包括了有理數與無理數。

可以表達為兩個整數比的數（$\frac{a}{b}$，$b \neq 0$）被定義為有理數（rational number），整數當中的正整數、0、與負整數，以及分數中的正分數與負分數統稱為有理數，例如 1，-2，$\frac{3}{8}$，-$\frac{1}{5}$。當寫成小數形式時，必須是有限小數或無限循環小數，例如 $\frac{3}{4} = 0.75$、$\frac{1}{3} = 0.333333\cdots\cdots$。

有理數以外的實數則是無理數（irrational number），它是無法寫作兩個整數比的數，若將它寫成小數形式，小數點之後的數字有無限多個，並且不會循環，即無限不循環小數。例如平方根（$\sqrt{2}$）、超越數（$\pi = 3.141592653589\cdots\cdots$、$e = 2.71828182845\cdots\cdots$）

▌〈實數〉

文章中的第一句話直接說明了「實數包括了有理數與無理數」，因此在心智圖的表達方式是以二個大光芒的主幹線條，分別寫上有理數與無理數。然後分別在「定義」與「形式」之後列出細節內容。

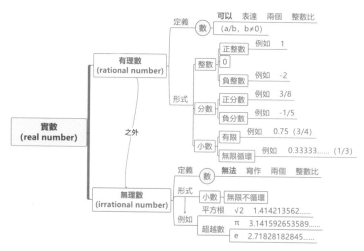

▌圖 2-3-03 說明文模組：數學〈實數〉。

▶ 物理心智圖：學科知識體系與單元主題

　　物理是一門需要高層次思考才能學好的科目。因此，分析、演繹、綜合、歸納、評鑑等能力更顯重要。一般學生使用心智圖整理學習筆記的時候，卻往往只從單一課文、單一主題下手，忽略了先掌握整個學科知識體系的重要性。

　　小學剛畢業或七年級升八年級的同學，可以利用暑假期間，應用本書所提出的RMMR學習法，先把即將要學習的物理課本大致瀏覽一下（化學、數學、歷史、地理等系統性的知識，都是相同的做法），別擔心看不懂，可以在你覺得艱深難懂或充滿興趣的地方，分別標示出不同的記號，然後以繪製心智圖的軟體（例如：Xmind），根據該學科的目錄內容，以心智圖學習法的原則，建立起自己的學習地圖。

　　以下這張心智圖（圖 2-3-04）是從書本的目錄修改而來的學科知識框架，是學習者的「書架」，也是「圖書館」，隨時可以從這張學科知識框架中，鏈接各個單元主題的心智圖筆記，進行複習與記憶。

　　有些人會認為只是將書本目錄整理成一張心智圖，這樣對學生的學習幫助不大，因為這個過程中大腦沒經過什麼思考，這樣的說法似乎有點道理，但親自動手將條列式的目錄整理成心智圖，你會發現自己掌握了該學科的概貌，也可以清楚看出哪些單元主題是自己比較熟悉的、比較有興趣的，或是完全陌生的。除此之外，課本目錄中的「第N章、第N節」這些文字，如果會造成思緒上的困擾，在心智圖中是可以省略的，但如果為了方便知道心智圖中的內容是出現在哪一章的哪一節，那麼還是保留比較好。（在案例中，由於章節較多，我僅列出單數的章節）

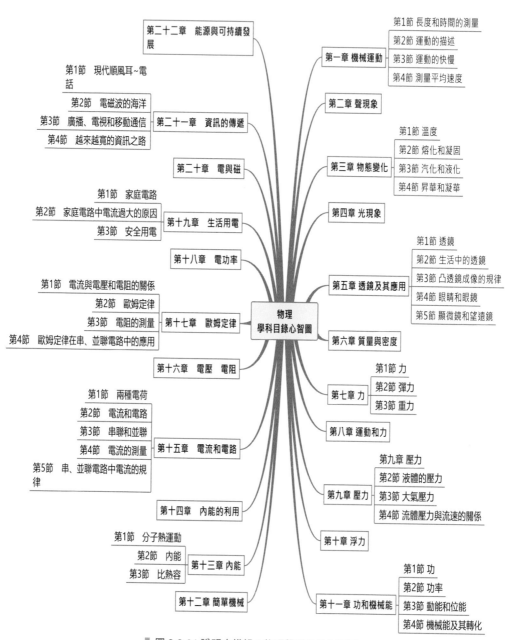

第二十二章　能源與可持續發展

第1節　現代順風耳~電話
第2節　電磁波的海洋
第3節　廣播、電視和移動通信
第4節　越來越寬的資訊之路
第二十一章　資訊的傳遞

第二十章　電與磁

第1節　家庭電路
第2節　家庭電路中電流過大的原因
第3節　安全用電
第十九章　生活用電

第十八章　電功率

第1節　電流與電壓和電阻的關係
第2節　歐姆定律
第3節　電阻的測量
第4節　歐姆定律在串、並聯電路中的應用
第十七章　歐姆定律

第十六章　電壓　電阻

第1節　兩種電荷
第2節　電流和電路
第3節　串聯和並聯
第4節　電流的測量
第5節　串、並聯電路中電流的規律
第十五章　電流和電路

第十四章　內能的利用

第1節　分子熱運動
第2節　內能
第3節　比熱容
第十三章　內能

第十二章　簡單機械

物理
學科目錄心智圖

第一章　機械運動
第1節　長度和時間的測量
第2節　運動的描述
第3節　運動的快慢
第4節　測量平均速度

第二章　聲現象

第三章　物態變化
第1節　溫度
第2節　熔化和凝固
第3節　汽化和液化
第4節　昇華和凝華

第四章　光現象

第五章　透鏡及其應用
第1節　透鏡
第2節　生活中的透鏡
第3節　凸透鏡成像的規律
第4節　眼睛和眼鏡
第5節　顯微鏡和望遠鏡

第六章　質量與密度

第七章　力
第1節　力
第2節　彈力
第3節　重力

第八章　運動和力

第九章　壓力
第9節　壓力
第2節　液體的壓力
第3節　大氣壓力
第4節　流體壓力與流速的關係

第十章　浮力

第十一章　功和機械能
第1節　功
第2節　功率
第3節　動能和位能
第4節　機械能及其轉化

▍圖 2-3-04 說明文模組：物理學科目錄心智圖

為了配合教學的進度與上課時間，課本的編排可能會將同一個主題分成幾個小節來講解，也可能一個小節說明兩個以上的小主題，這可能會對知識的整合產生不良的影響。比較好的方式是，**以心智圖法的分析與歸納的原則**，建立該學科知識體系的心智圖，也就是採用**知識主題**做為分類的依據。我以八年級上冊第一章到第六章的內容為大家做個示範。（圖 2-3-05）

　　說明文類型的課文都會有**章節標題**和**段落標題**，我們根據**標題**就可以進行知識的整合，把屬於相同概念的標題，依照心智圖法分類的原則，把出現在不同小節的標題關鍵字整合在一起，並在**主標題**或**次標題**的地方標示一下頁碼，方便與課本做個對照或查詢。

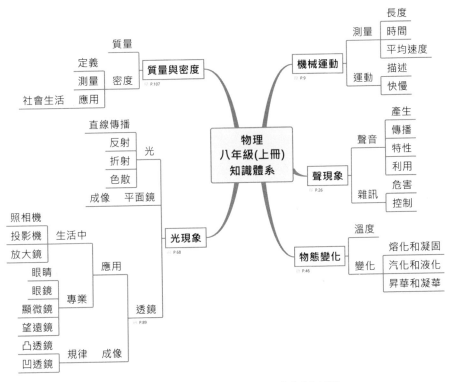

▎圖 2-3-05 說明文模組：物理學科知識體系心智圖。

將具有相同概念的小節或段落歸納整合在一起，可以在讀書的時候，掌握知識的全貌、從各個不同的角度、深度理性的去探究學習。例如第一章當中的第 1 節與第 4 節都提到「測量」，第 2 節與第 3 節都有「運動」。同時我也把類似的章節合併，例如「第五章：透鏡及其應用」是針對「第四章：光現象」做更深入與生活應用的說明，因此我就把這兩章合併在一起。

　　為了幫助閱讀心智圖時的理解，我增加了幾個層級概念關鍵字，例如在第五章「透鏡及其應用」中的幾個小節介紹了眼睛、眼鏡、顯微鏡、望遠鏡等，而課文中「第 2 節生活中的透鏡」有提到照相機、投影儀、放大鏡等，所以我在「眼睛、眼鏡、顯微鏡、望遠鏡」提取了一個上位階的層級概念「專業」，以對應「照相機、投影儀、放大鏡」的「生活中」。

　　在「第五章第 3 節凸透鏡的成像規律」中雖然只介紹凸透鏡，但「第 4 節眼睛與眼鏡」中出現凹透鏡的介紹，因此我在「成像——規律」之下增加了「凹透鏡」這個關鍵字，讓這張知識架構的心智圖更加完整。

　　有了學科知識架構心智圖，掌握學科的知識概貌之後，接下來將展開每一個單元主題的細節知識點進行深入的學習，也就是萃取知識、組織知識，將課文中的重點標示出來，再以心智圖整理成自己的學習筆記。

　　例如，針對第一章第 1 節中「長度」這個知識點，我們另外整理成一張心智圖。（圖 2-3-06）

　　在課文中說明了「長度」的單位與測量，因此在心智圖當中，從中心的主題「長度」展開二個大光芒線條，分別寫上單位與測量。

　　在單位的部分，說明基本單位是米（meter，也就是公尺），比它

更大的單位是公里，以及更小的單位有哪些，針對這些知識內容，我們從單位這個關鍵字展開三個小光芒線條，來說明各種不同大小的單位。在測量的部分說明了測量的工具、量程與分度值，在心智圖的結構上，同樣是採用小光芒的線條，來說明工具、量程與分度值這三個並列的概念。

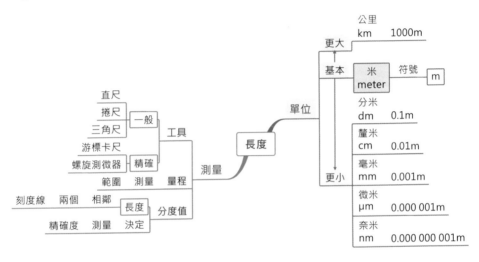

▌圖 2-3-06 說明文模組：物理學科單一知識點〈長度〉。

▶ 化學科：**說明文結構**〈物質的變化和性質〉

　　化學課本的心智圖學習筆記的整理方式，與數學、物理是相同的。我以九年級上冊「物質的變化和性質」這個知識點，以說明文結構的「定義」、「案例」概念模組，為大家示範兩種性質進行比較分析時的心智圖技巧。

　　課文裡很清楚說明這個單元要講解「物質的變化和性質」，因此從中心主題展開的第一個層級以「變化」、「性質」做為拆分內容的兩個

大方向，在它們的下一層級分別是「物理」與「化學」，代表著物理變化、化學變化，物理性質與化學性質，再往下一層則是各自的「定義」與「案例」。

在這張〈物質的變化和性質〉心智圖使用到一個以顏色表示類別的技巧，同一類的資訊採用相同顏色，**物理**採用**藍色**，**化學**使用**紅色**。

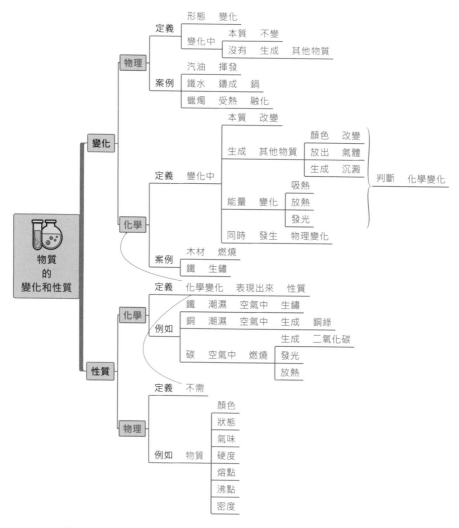

▌圖 2-3-07 說明文模組：化學學科單一知識點〈物質的變化和性質〉。

▶ 地理科：説明文結構

　　地理科的課文基本上也大多屬於説明文的形式，一般它和歷史課都歸類在社會科裡面，這兩個學科要拿到高分、好成績應該不會太難才對，但偏偏有些學生總覺得自己的記憶力不好，看到歷史、地理這些要「背」的科目就頭疼，其實這些都是偏見與誤解。請問哪一門學科不需要「背」？都需要，對吧！但是死記硬背有用嗎？沒用，對吧！

　　任何一個科目都需要對課文內容先理解之後，再進行所謂的記憶。大家應該有不少的經驗，當對課文內容理解之後，不需要特別採取記憶的手段，往往也記住了大部分的內容。所以，想要學好地理，首先得清楚知道，如何學習「地理」這門學科，然後梳理一下從小學到高中階段，地理課會學到哪些知識？也就是我一直不斷強調「先見到林、再看到樹」的系統性學習方式，先掌握知識的整體概貌，再鑽研細節。大家是否發現，「如何學習地理」這張心智圖（圖 2-3-08）也是説明文的結構呢！

　　在心智圖法以樹狀結構展開分類分析的技巧當中，有一種型態是針對某一個主題想要繼續延伸夠多的學習內容，可以用它做為另一張新的心智圖的中心主題，就好比是一顆種子，和父母仍然有著關聯性，但已離開去發展出自己的一片世界。

　　例如從「如何學地理」這張心智圖中的「掌握範疇」，想要瞭解並掌握更多有關地理的學習範疇，於是自己獨立出一張「地理範疇」的心智圖（圖 2-3-09）。在這張心智圖再以學習地理的兩大範疇「自然地理」、「人文地理」做為分類的項目，在每一個項目之下再以並列的形式，説明各個學習主題。日後可將學習到的知識內容接續在每一個小主題的後面，如果內容較多，也可再以它做為另一張新的心智圖的中心主題。

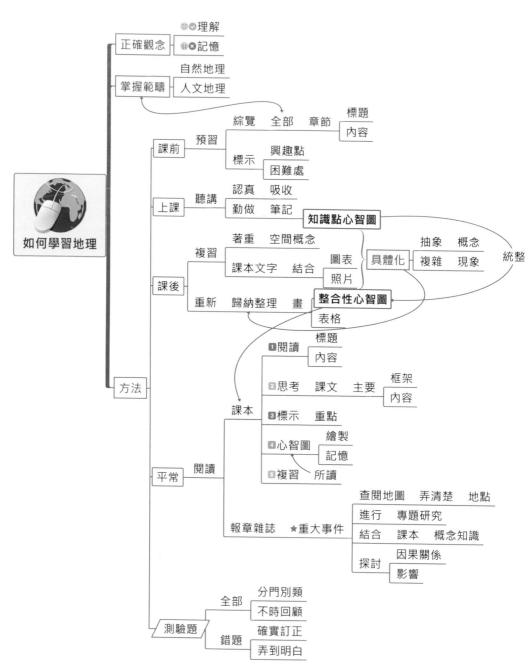

■ 圖 2-3-08 如何學習「地理」

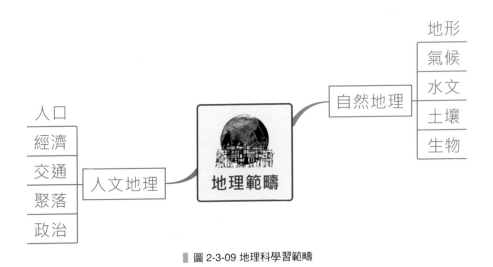

人口
經濟
交通
聚落
政治
人文地理
地理範疇
自然地理
地形
氣候
水文
土壤
生物

▌圖 2-3-09 地理科學習範疇

　　接著我以〈黃河〉這篇屬於自然地理的課文，為大家示範上課聽講時的「知識點心智圖」。如果學校允許攜帶自己的電腦、平板到教室的話，就可以一邊聽老師講解課文內容、一邊看著課本圈選重點關鍵字，然後用繪製心智圖的軟體，將關鍵字以心智圖法的筆記方式，記錄整理到電腦裡。如果不允許攜帶電腦到學校的話，可以先在白紙上以手繪的方式整理，雖然會有一點亂、或可能會遺漏部分內容，但沒有關係，回家之後再用電腦整理一次，重新梳理內容重點，這也是很好的複習過程，可以加深記憶的效果。

　　初學心智圖法的同學，整理讀書筆記的時候，地理、歷史課本都是很好的材料，因為每一課的內容都有段落標題，可以很輕鬆地使用標題做為心智圖的分類依據。例如〈黃河〉，這篇課文除了介紹黃河的基本資料之外，主要是說明黃河的水系與治理。因此從中心主題展開三個大光芒線條，在線條上寫上「治理」、「基本資料」、「水系」。

　　佔文章篇幅最多的「水系」，再拆分成「上游」、「中游」、「下游」。

「水系」的這三段都再根據文章的內容，以「區間」與「景觀」這兩個項目做出分類。

　　「區間」的部分再說明這段水系源「自」哪裡、「經過」哪裡、「到」了哪裡。

　　為了幫助我們更加理解並記憶課文內容，**提取上層概念**，以及在分類的時候同一個階層必須是相同的**邏輯屬性**，這兩件事情真的很重要。因此我再以「基本資料」這個分支為大家做說明。

　　被譽為中華民族的母親河的黃河，流經 9 個省級行政區，長度約 5,464 公里，是中國第二長的河流。

　　從文章中可以明顯看出它說明黃河被「譽為」什麼、「流經」哪裡、「長度」有多長，但是「是中國第二長的河流」這句話當中的「河流」不屬於這段專屬的關鍵字，因為全部都是在講河流，河流是它們共同的上層概念。至於「中國」或「第二長」與「譽為」、「流經」、「長度」不屬於並列的關係，看起來是下一層的概念。因此，我們可以為「中國、第二長」提取一個上層概念「排名」。這樣閱讀心智圖的時候，是不是更加清楚了呢？

　　這張〈黃河〉心智圖（圖 2-3-10）還有一個小技巧請大家注意一下：在「水系—下游」的最後有一個關鍵字是黃河決口改道所帶來的「災難」，課文中以小方塊文章補充說明「歷史上黃河之患」，如果這些內容接在「災難」之下，其實也可以，但是會讓「水系—下游」這分支的層級延伸太多，不但不利於記憶，而且無法突顯「歷史上黃河之患」這個主題。因此採用前面解說的，另起一個小的心智圖來說明，然後採用關聯線條從「災難」指向「歷史上黃河之患」。（圖 2-3-11）

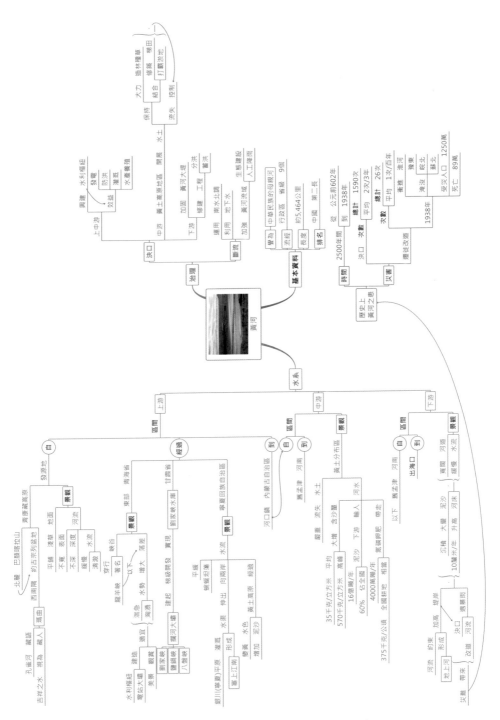

■ 圖 2-3-10 說明文模組：地理科知識點的整理〈黃河〉。

教育心理學家蓋聶（Gagné）、與耶科維奇（Yekovich）在《教學心理學：學習的認知基礎》（*The Cognitive Psychology of School Learning*）一書中指出，從訊息處理的觀點，可將閱讀理解的歷程分為①解碼（decoding）、②文義理解（literal comprehension）、③推論理解（inferential comprehension）及④理解監控（comprehension monitoring）四個部份。

大部分的學生在面對升學考試的時候，頂多做到文義的理解，也就是理解課文中所要傳遞的知識之後，接著採取的就是複誦策略，開始不斷地背誦，誰下的功夫多，拿到的成績就比較好。這種學生面對單一、簡單、標準答案的題目，或許遊刃有餘，但是碰到應用題、綜合性的、需要思辨的題目，恐怕就捉襟見肘。

因此，在平時讀書學習的時候，就得培養出更高層次的閱讀理解能力，也就是推論理解與理解監控這兩個層次。推論理解的意思是說，同學們閱讀課文之後能產生更深層和更廣泛的理解，包括對知識內容的「統整」（integration）、「摘要」（summarization）、與「精緻化」（elaboration），進而掌握文章中更深層的意義，並與自己過往的生活經驗或已習得的知識進行連結，來提升記憶的效果。相信大家從心智圖的學習筆記就可發現，心智圖法是實踐知識統整、摘要與精緻化的好方法。

例如從〈黃河〉這張心智圖（圖 2-3-11），我們可以清楚看出，與我們生活緊密相關的就是「歷史上黃河之患」，會有此災難是因為黃河下游泥沙大量沉積；下游泥沙之所以會大量沉積是因為在中游河水含沙量大增；中游沙量會大增，是因為黃河上游經過了黃土高原。於是我們可以在心智圖當中，先將「黃土高原」這個關鍵字的樣式，從下畫底線改成圓角矩形，字體也加粗，並採用不同顏色的關聯線條，指出造成下游災難的因果關係之外，也提醒自己，這部分可能是考試會出現的重點。

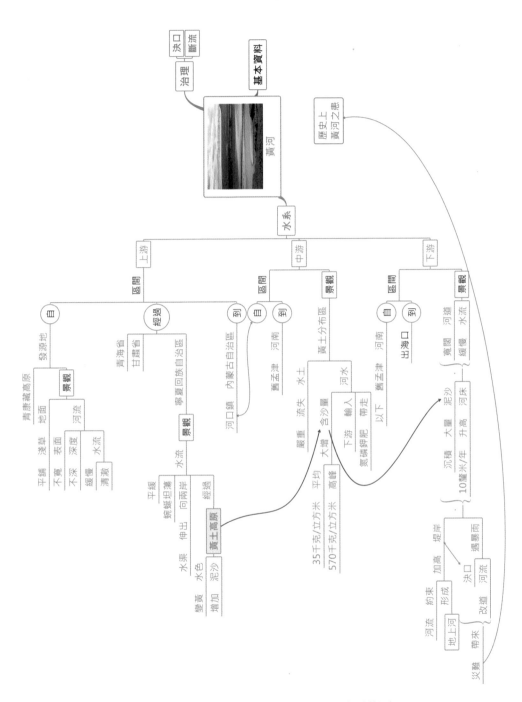

圖 2-3-11 說明文模組：地理科知識點的推論理解〈黃河〉。

我們從心智圖當中，同時也發現了原來「黃土高原」是一個很重要的知識點，但在課文當中卻沒有詳細介紹，怎麼辦？這就是該採取理解監控的時候了。

　　理解監控是一套後設認知的技巧，其歷程包括「設定目標」（goal setting）、「選擇策略」（strategy selection）、「檢核目標」（goal checking）、及「補救」（remediation）等，它持續發生在整個閱讀學習的過程中。一開始的時候，學生會懂得設定閱讀學習的目標，並選擇適當的讀書策略來完成所設定的目標，學習期間會持續檢核目標是否已經達成，或已達成的比例如何。如果出現未能完全理解的地方，會找出原因是什麼，並採取相關的補救措施。

　　於是我們可以針對「黃土高原」這個知識點，上網查詢或到圖書館找資料，並且把找到的資料，以「黃土高原」為中心主題整理成一張心智圖。如果你是採用電腦軟體整理的話，可將「黃土高原」這張心智圖與〈黃河〉這張心智圖當中的「黃土高原」這個關鍵字做出超鏈接，複習〈黃河〉的時候，點擊「黃土高原」這個關鍵字就能開啟「黃土高原」這張心智圖（圖 2-3-12）。

　　以上是我針對地理科〈黃河〉這篇課文所示範的「推論理解」與「理解監控」的做法，也適用於其他各個學科，大家可以試試看，多多練習。

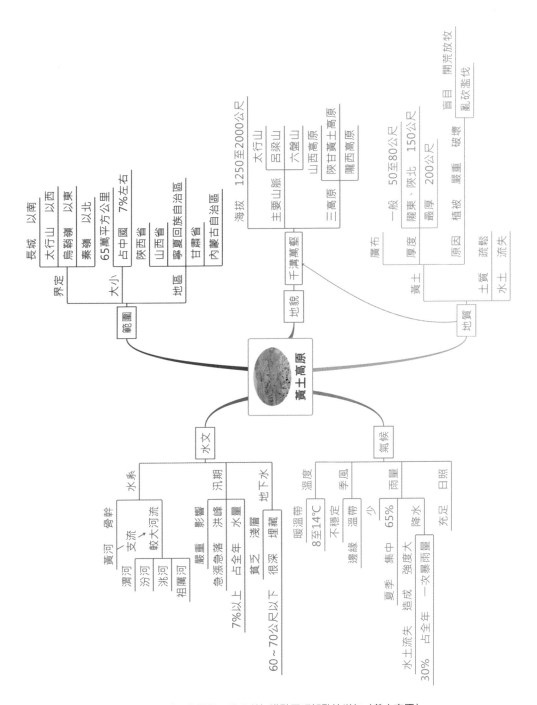

圖 2-3-12 說明文模組：地理科知識點因理解監控增加〈黃土高原〉。

▶ 歷史科：說明文結構

歷史課文除了故事性質的文章內容之外，有很大一部分是講解各國歷史的演進、社會的變遷、制度的變革等，這些則屬於說明文的結構，而且內容都不會太艱深，也不難理解，考試時拿不到高分就太可惜了。

因此，我先以心智圖說明如何學習「歷史」這門學科，讓大家在心中先有個學歷史的心錨。從心智圖的說明，各位應該可以看到學習步驟的第一步，就是要綜覽全域，掌握架構與整體概念，以及作筆記的時候，不但要親自動手，還得系統性地整理，這也充分說明了心智圖法做為學習策略的優越性。

我們看到許多教科書或教師教學用書中，常會出現以心智圖的形式幫助學生、老師梳理知識脈絡。現在我以〈中國早期人類的代表──北京人〉這篇課文為大家示範歷史科說明文的結構。

在心智圖當中，與線條同色的文字，是課文中的內容。黑色字的部分是為了幫助我們理解知識內容而增加的層級概念，或老師根據教師教學用書所補充的額外資訊，這樣可以讓學習可以更加完整。

學習歷史這門學科，旁徵博引有其必要性與重要性，因此整理筆記的時候，不論有沒有出現在課本，只要是相關的資訊，都應該整理進來。例如這篇課文主題是「北京人」，但課文裡有二個小方塊文章簡單說明了「人類演化」的相關史事，以及介紹了「山頂洞人」。有些同學會認為既然這一課是在講北京人，於是山頂洞人的部分就不予理會了。各位同學啊！課本裡會出現「山頂洞人」這個小方塊文章一定有它的意義。從心智圖的結構中，你有沒有發現，這兩種人被發現的地點是相同的，但他們生活在地球上的年代，距離今天至少相差個十幾萬年，所以在特徵方面也有很大不同。

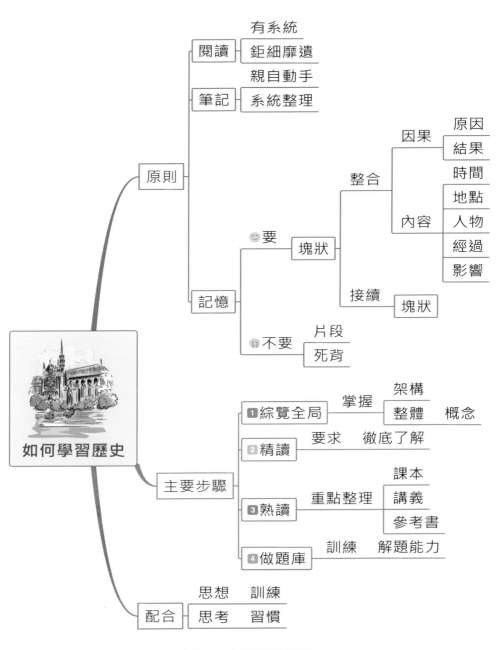

圖 2-3-13 如何學習「歷史」

再幫大家複習一下教育學家布魯姆提出的認知領域六個層次，從最基礎的「知識記憶」逐漸往更高層的「理解」、「應用」、「分析」、「綜合」，最後能達到「評鑑與創造」。各位同學應該知道，現在升學的考試趨勢，單純一個知識點的題目愈來愈少，想拿到好分數，能將相關的知識進行分析、綜合與評鑑，甚至有自己的想法與評論。因此在「北京人」這篇課文的心智圖筆記，必須把「山頂洞人」的知識內容包括進來，同時在結構上採取相同的項目。於是我們馬上發現「山頂洞人」的方塊文章裡，沒說明發現山頂洞人的意義，在特徵方面沒說明他們的社會組織，也沒說清楚身體外型是如何，只有提到接近現代人。因此在心智圖的結構中，我們把這幾個項目列進來，並以黃色的底色標示出這是值得延伸學習的主題。

　　課文中，針對中國境內所發現的古人類遺址，羅列了十三個省市，這對學生而言不僅難以在腦海形成分布區域的概念，也難以記憶。因此，我以中國六大地理區先進行分類，然後將課文中所列出的省市，寫在六大地理區之下。

　　另外，課文中有個小註解，解說「化石」這個概念。由於化石是考古重要的證據，各位同學在博物館也應該都看過，但它是如何形成卻不一定瞭解。因此，認識化石也算是這篇課文的延伸學習之一，所以我在「化石」這個關鍵字旁邊，以一個小小的心智圖來記載有關於化石的知識內容。

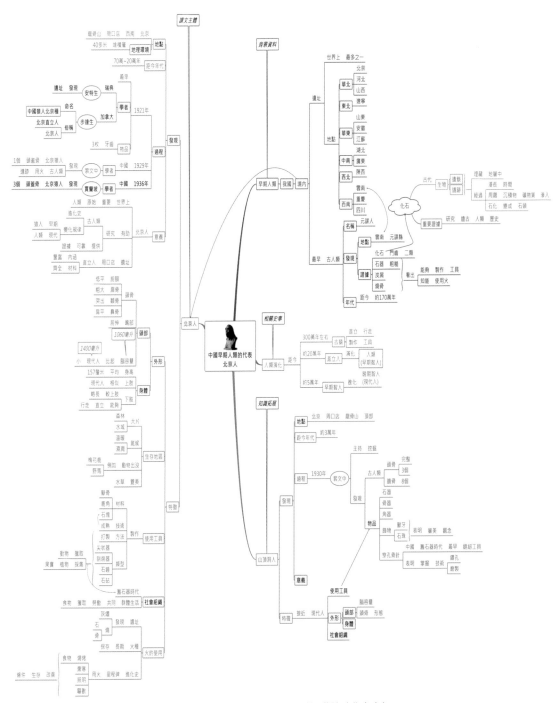

■ 圖 2-3-14 說明文模組：歷史科知識點〈北京人〉。

第四節 | **抒情文模組**（語文）

　　抒情文是抒發主觀感受和思想感情的文體，它是結合修辭技巧，例如譬喻、轉化、誇飾、映襯、排比等的寫作表達方式。抒情文不一定是獨立存在的一篇文章，在議論文和說明文中，有時也會運用抒情的方式來增強文章的情感色彩。抒情文是透過外在的事物來觸發內在情感，抒發洶湧澎湃的情感，與讀者產生共鳴。除了應用文之外，大概所有文章都會有抒情的成分，記敘文、說明文、議論文都需要抒情，否則文章就缺乏文采、情采。

　　常見的抒情題材有記人、寫景、狀物、敘事、說理與懷古等，寫作手法有直接抒情與間接抒情。直接抒情是不用藉任何事物，直接表達出內心感情。間接抒情又分為先敘事、寫景或狀物，然後抒情；以及事、寫景或狀物與抒情循環交替等兩類。間接抒情的手法包括了：

★ **借事抒情**：藉著議論人、事或記述事情的經過和細節，間接地抒發內心感情。朱自清的〈背影〉一文，表面上文章看起來是記敘在火車站父親來送別的情景，但是全文重點在表現出對父親的思念。

★ **借人抒情**：透過人物的語言、動作、情意，來述說內心的情感。例如司馬遷透過〈伯夷列傳〉抒發了天道與人事相違背的現實。

★ **借物抒情**：藉著描寫物品的特點，連結到個人的感受，間接地抒發內心的情感。歸有光在〈項脊軒志〉一文中，藉著描寫老房子，述說內心的喜與悲，以及對妻子的思念。

★ 借景抒情：帶著個人主觀的情緒感受去描寫客觀狀態的景物，間接地抒發內心感情。朱自清的〈春〉，雖然文章詳細描寫了春天的景緻，但全文重點在表達春天富有朝氣的情懷。

根據抒情文借事、借人、借物、借景來抒發情感的文章特性，其心智圖的概念模組和記敘文、故事類型的文章一樣，會有背景、情節與心得等，但會特別著重在藉由情節的事件、人物、物品、景物來抒發個人在語言、動作與情意上的反應。

為了讓大家瞭解抒情文的概念模組，我在抒情文模組的這張心智圖，把「反應」以單獨的一個分支來表示，但實際上在整理抒情文的讀書筆記時，「反應」的內容會融入在各個「情節」的環節當中。

面對升學考試，會出現抒情文的文章大概只有語文課，因此接下來我將以中學語文課當中的經典抒情文，為大家解析心智圖筆記的技巧。

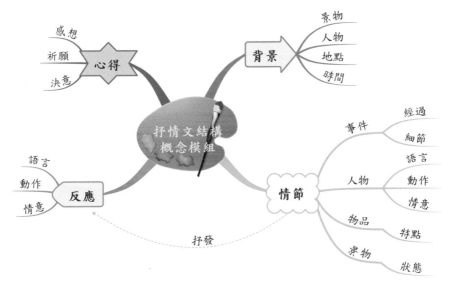

▌圖 2-4-01 抒情文模組

▶ 語文科：抒情文結構——〈出師表〉

　　蜀漢丞相諸葛亮決定北上伐魏前，以懇切委婉的言辭，上書給後主劉禪的〈出師表〉，是一篇以說理、議論為主，但兼具記敘和抒情的表文，原則上應採用議論文的模組來分析這篇文章，但文末這句「今當遠離，臨表涕零，不知所言」更觸動人們的內心。因此，我用部分的內容示範說明抒情文模組的心智圖，進行分析拆解。在心智圖當中，原文是以彩色字體表示，黑色字體是為了幫助學生理解文章中的敘事與情意，而增加的結構概念。

蜀漢諸葛亮〈出師表〉

事件：三顧茅廬

情意：知人之明、知遇之恩

　　先帝不以臣卑鄙，猥自枉屈，三顧臣於草廬之中，諮臣以當世之事，由是感激，遂許先帝以驅馳。

事件：臨終托孤

情意：信賴之情、回報恩德

　　先帝知臣謹慎，故臨崩寄臣以大事也。受命以來，夙夜憂歎，恐託付不效，以傷先帝之明；故五月渡瀘，深入不毛。今南方已定，兵甲已足，當獎率三軍，北定中原，庶竭駑鈍，攘除奸凶，興復漢室，還於舊都。

事件：以身報國

情意：義無反顧

　　此臣所以報先帝而忠陛下之職分也。

諸葛亮這短短 129 個字，試圖藉著敘述事件來表達情意。但純粹閱讀文章和在學校課堂上老師口語的解釋，我們未必能掌握此文章的寫作技巧與諸葛亮臨別前的內心感受。但透過心智圖法來分析拆解這篇文章之後，我們從劉備與諸葛亮互動的「三顧茅廬」、「臨終托孤」以及諸葛亮決意「以身報國」的三個事件場景，分別詮釋出劉備的「知人之明」與諸葛亮對劉備的「知遇之恩」；劉備的「信賴之情」與諸葛亮的「回報恩德」；最後諸葛亮表明北伐曹魏的「義無反顧」、「以身報國」的決意。

　　在心智圖抒情文模組（圖 2-4-02）的呈現上，劉備的「三顧茅廬」與「臨終托孤」屬於這篇抒情文「情節」的主體，「以身報國」是諸葛亮因為劉備的語言、動作所做出的決意。在這三個主題分別以互動的「人物」做出分類，再針對人物以「敘事」和「情意」來說明這位「人物」的語言、動作，表現出什麼樣的「情意」。

　　相信大家再次閱讀〈出師表〉這篇文章時，肯定會有更深層的理解與感受。

▶ 語文科：抒情散文結構——〈背影〉

　　抒情散文是作者藉由對具體事物的描述，表達內心的思想感受與抒發情感的散文。其內容結構包括了針對主題進行背景的說明，透過人、事、物、景的描述來抒發情意，以及闡述自己的心得感受。

　　中國近代以散文聞名於世的詩人朱自清，情感真摯動人，文章清新雋永，善於借景抒情，富有詩意。〈背影[1]〉是在 1925 年 10 月所寫的一篇散文，內容是描述自己二十歲的時候，離開南京到北京大學念書，父

1　〈背影〉的原文請以「朱自清 背影」做為關鍵字上網查詢。

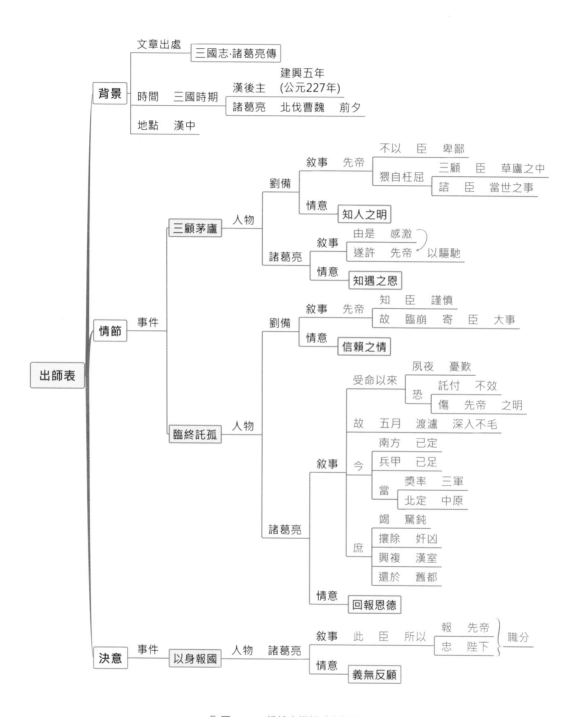

▌圖 2-4-02 抒情文模組〈出師表〉

親送他到浦口車站，照料他上車，還為了幫他買橘子在月臺爬上攀下，目睹父親蹣跚的背影有感而發。朱自清用樸素的文字，把父親對兒女的愛，透過記敘式的抒情散文〈背影〉做出深刻細膩的表達。

我將整篇文章的結構和摘錄部分內容整理成心智圖。由於是記敘式的抒情散文，所以整體的大結構，我拆解成「**總起：點題**」、「**起：回家奔喪**」、「**承：送行情景——車站**」、「**轉：送行情景——買橘子**」、「**總結：思念父親**」。

我在這張〈背影〉的心智圖（圖 2-4-03a）中運用到一些心智圖法的技巧：

★ 在「**起：回家奔喪**」這個分支上，作者是從某一個時間點「那年冬天」來描述回家奔喪的原因、處理喪事的過程，以及喪事處理完畢之後的事情。所以在下一個層級，採用記敘文情節的「開始」、「經過」與「結果」分類方式，並在關鍵詞下方標註它是屬於 5W1H 的哪一個項目。

★ 心智圖法要求每一個線條上的**關鍵詞**必須盡量簡潔，最好一線一詞，但如果為了表達出完整的情意感受，則可採用**圖文框的形式**，將整段文字書寫出來，例如父親對他說的一句話與來信的內容。

★ 在「**總結：思念父親**」這個分支，我採用傳統青布棉袍的**湛藍色**，代表作者思念父親穿著青布棉袍、黑布馬掛的背影。但在「**身材**」與「**衣著**」這兩個關鍵詞卻採用綠色，主要是透過綠色連結到「送行場景」中，父親的身材與衣著。「看見、背影」以一條關聯線指向「送行情景、買橘子、父親」，表示因為二年前父親買橘子的行為動作，引發今天思念父親之情。這就是採用**顏色與關聯線**來表示不同主題之間的相關性或因果關係。

★ 關聯線條上的文字「不知何時再相見」，採用與「總起：點題」
相同的粉紅色，是體現同時也連結到作者在文章破題的那句話：
「我與父親不相見已二年餘了，我最不能忘記的是他的背影。」

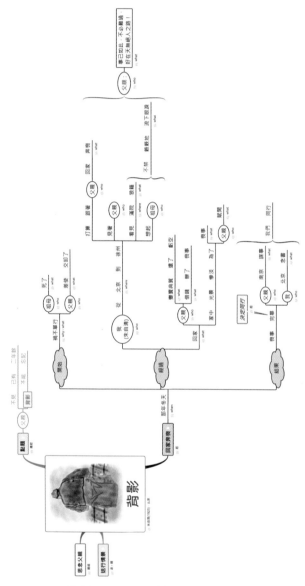

■ 圖 2-4-03a 記敘文模組〈背影〉

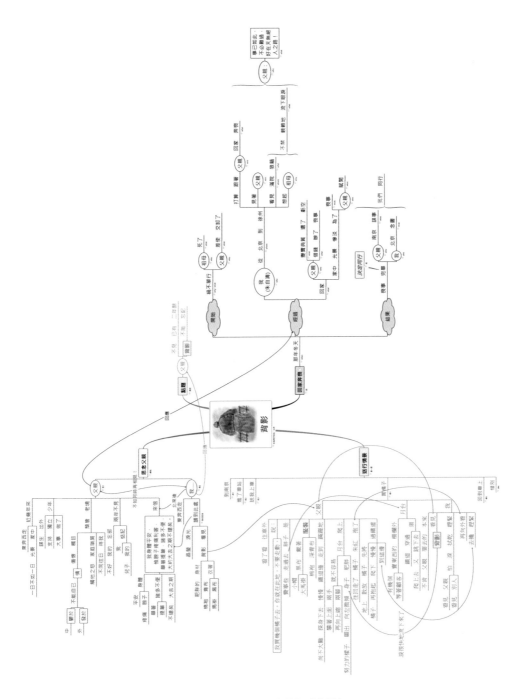

▌圖 2-4-03b 抒情散文模組〈背影〉

▶ 語文科：抒情散文結構 —— 〈項脊軒志〉

　　朱自清〈背影〉是記敘形式的抒情散文，接著我將以歸有光〈項脊軒志〉為大家說明抒情散文除了**依據段旨**做出分類之外，為了更加清楚理解作者所要傳達或抒發的感受，可以採用**情意的種類**進行分類。

〈項脊軒志〉

起：修葺老屋

　　項脊軒，舊南閤子也。室僅方丈，可容一人居。百年老屋，塵泥滲漉，雨澤下注，每移案，顧視無可置者。又北向，不能得日；日過午已昏。余稍為修葺，使不上漏。前闢四窗，垣牆周庭，以當南日。日影反照，室始洞然。又雜植蘭、桂、竹、木於庭，舊時欄楯，亦遂增勝。

起：讀書軒中、書房情景

　　借書滿架，偃仰嘯歌，冥然兀坐，萬籟有聲。而庭階寂寂，小鳥時來啄食，人至不去。三五之夜，明月半牆，桂影斑駁，風移影動，珊珊可愛。

　　然余居於此，多可喜，亦多可悲。

承：諸父異爨

　　先是，庭中通南北為一。迨諸父異爨，內外多置小門牆，往往而是。東犬西吠，客踰庖而宴，雞棲於廳。庭中始為籬，已為牆，凡再變矣。

承：嫗訴憶母

　　家有老嫗，嘗居於此。嫗，先大母婢也，乳二世，先妣撫之甚厚。室西連於中閨，先妣嘗一至。嫗每謂余曰：「某所，而母立於茲。」嫗又曰：「汝姊在吾懷，呱呱而泣；娘以指扣門扉曰：『兒寒

乎？欲食乎？』吾從板外相為應答。」語未畢，余泣，嫗亦泣。

承：讀書軒中、祖母期許

余自束髮讀書軒中，一日，大母過余曰：「吾兒，久不見若影，何竟日默默在此，大類女郎也？」比去，以手闔門，自語曰：「吾家讀書久不效，兒之成，則可待乎！」頃之，持一象笏至，曰：「此吾祖太常公宣德間執此以朝，他日汝當用之。」瞻顧遺跡，如在昨日，令人長號不自禁。

承：足音辨人

軒東故嘗為廚，人往，從軒前過。余扃牖而居，久之，能以足音辨人。

承：軒不得焚

軒凡四遭火，得不焚，殆有神護者。

轉：自我期許

項脊生曰：「蜀清守丹穴，利甲天下，其後秦皇帝築女懷清臺。劉玄德與曹操爭天下，諸葛孔明起隴中。方二人之昧昧於一隅也，世何足以知之？余區區處敗屋中，方揚眉瞬目，謂有奇景。人知之者，其謂與坎井之蛙何異！」

合：少妻歸寧

余既為此志，後五年，吾妻來歸，時至軒中，從余問古事，或憑几學書。吾妻歸寧，述諸小妹語曰：「聞姊家有閣子，且何謂閣子也？」

合：妻死室壞

其後六年，吾妻死，室壞不修。

合：重修閣子

其後二年，余久臥病無聊，乃使人復葺南閣子，其制稍異於前。

合：旅居在外

然自後余多在外，不常居。

合：睹物思妻

庭有枇杷樹，吾妻死之年所手植也；今已亭亭如蓋矣。

■ 依據段旨進行分類

依據文章寫作手法「起、承、轉、合」進行段旨的分析，作者歸有光在文章開頭部分以「項脊軒，舊南閣子也……風移影動，珊珊可愛。」這段話對「項脊軒」這老房子做了概括地描述，以及說明自己在屋子裡頭讀書的情景，於是可以歸納出「修葺老屋」與「讀書軒中，書房情景」兩大主題。

在「修葺老屋」的「項脊軒」，再根據「舊南閣子也」提取上層概念「名稱」；「室僅方丈，可容一人居。」提取上層概念「空間」；「百年老屋，塵泥滲漉，雨澤下注，每移案，顧視無可置者。」提取上層概念「屋況」；「又北向，不能得日；日過午已昏。」提取上層概念「方位」。

接著「然余居於此，多可喜，亦多可悲……軒凡四遭火，得不焚，殆有神護者。」是藉由在「項脊軒」所發生的事件，來表達內心喜與悲的感受。於是我們可以歸納出「諸父異爨」、「嫗訴憶母」、「讀書軒中祖母期許」、「足音辨人」與「軒不得焚」等五個主題。

描述悲喜之後，作者以古例「蜀清守丹穴，利甲天下，其後秦皇帝築女懷清臺。劉玄德與曹操爭天下，諸葛孔明起隴中。方二人之昧昧於一隅也，世何足以知之？」與譬喻「余區區處敗屋中，方揚眉瞬目，謂有奇景。人知之者，其謂與坶井之蛙何異！」提出對自己的期許，我以

「自我期許」做為這兩段的主題。

　　最後一段「余既為此志，後五年，吾妻來歸，時至軒中，從余問古事，或憑几學書。吾妻歸寧，述諸小妹語曰：『聞姊家有閣子，且何謂閣子也？』其後六年，吾妻死，室壞不修。其後二年，余久臥病無聊，乃使人復葺南閣子，其制稍異於前。然自後余多在外，不常居。」是作者分別從「少妻歸寧」、「妻死室壞」、「重修閣子」、「旅居在外」與「睹物思妻」等五個主題做出了總結。

▌依據情意進行分類（圖 2-4-04b）

　　〈項脊軒志〉是一篇抒情散文，若要更加清晰理解作者的情意，我們可以依據他在文章中「然余居於此，多可喜，亦多可悲。」的這句話，在心智圖先拆分成「歡喜」與「悲傷」做為第一個層級的名稱，接著將文章中與「多可喜」相關的主題「修葺老屋」、「讀書軒中」、「軒不得焚」、「自我期許」、「少妻歸寧」、「重修閣子」的內容，歸在「歡喜」主題之後；把「諸父異爨」、「睹物思人」、「足音辨人」、「妻死室壞」、「旅居在外」等「亦多可悲」的場景，放在「悲傷」的主題之下。這樣就更加能理解作者選取那些素材內容來抒發內心的不同情感。

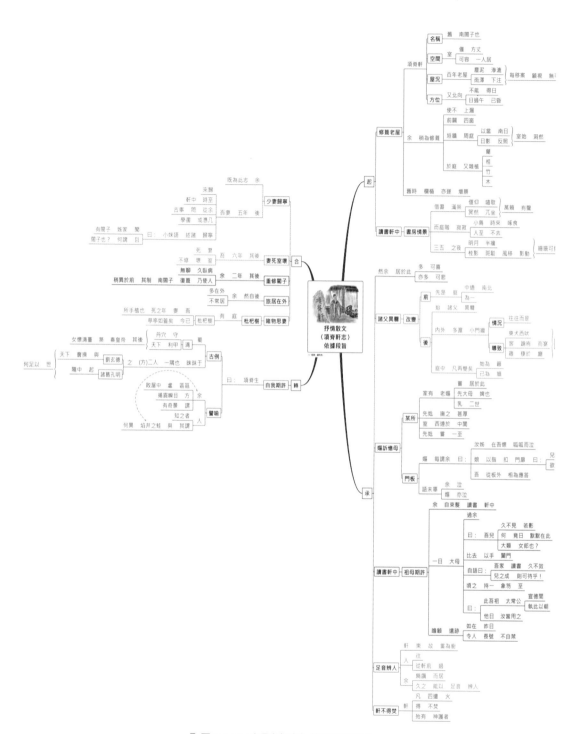

圖 2-4-04a〈項脊軒志〉依據段旨模組。

　活用心智圖快速抓重點，精準拆解考題與文章

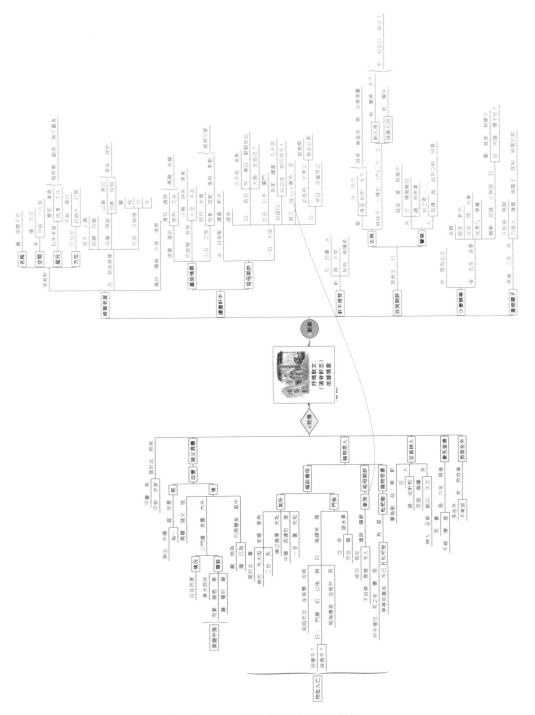

■ 圖 2-4-04b〈項脊軒志〉依據情意模組。

　　許多學生經常被議論文、記敘文、說明文、論說文搞得暈頭轉向。

　　議論文是透過事實的陳述、道理的梳理、辨別真偽，以釐清某種觀點的正確性或謬誤所在，以建立某種新的論點，或否定某種既有的主張，其目的是說服讀者認同作者所提出的觀點或見解。

　　論說文是議論文與說明文的合體，根據題目，依事物的原理法則，分別從正面、反面及各種角度的觀點，加以分析、說明，而求得結論的文章。據此，論說文與議論文在心智圖的概念模組上，基本上是相同的，所以我們以「論說文模組」一言以蔽之。

　　總而言之，議論文是以理服人；記敘文與說明文是以事感人、以知授人；論說文則直接說明事理、表達見解、宣示主張，它的表達主要是採用議論的方式，廣義而言，論說文所要討論的問題可以無所不包，任何問題都可以「論」都可以「說」。

　　西方對於論說文的文章結構有所謂的三段結構說，就是區分成緒論、本論與結論三個部分來進行寫作與閱讀的入門引導。但是，中國傳統寫作上的「起、承、轉、合」四段結構，才是一篇好文章的基本架構。

　　在研究所入學考試或國家公務員考試的試題中不乏申論寫作題，考生回答題目的寫作，其結構基本上就是論說文的形式；研究所畢業論文的寫作思路，基本上也是論說文的結構；在工作職場上專案項目的提案，要說服主管、客戶能接受的話，論說文的成分是不可少的。因此在求學階段，若能透過研讀分析優良的論說文，除了掌握其結構與寫作的

方式之外，更能培養思辨的能力，這對未來的生涯發展，將會產生很大的幫助。

　　由於論說文的重要性，我將以較多的篇幅與案例，為大家從 ①掌握文章的核心概念、②掌握文章的結構、③延伸學習的做法、④層次分明的邏輯思維與⑤培養批判性思維的策略等培養能力的角度，為大家說明如何以心智圖法的技巧分析拆解文章，來幫助大家有效學習論說文。

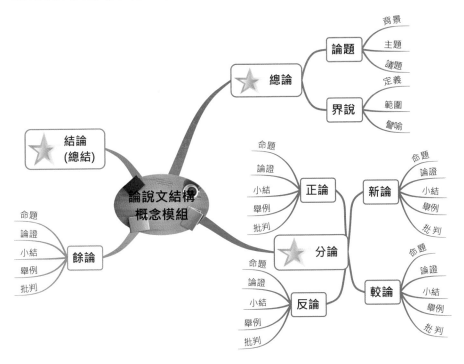

■ 圖 2-5-01 論說文模組

▶掌握文章的核心概念

　　一篇議論文首先必須具有明確的論點，必要時得為論點進一步說明其定義，接著要以邏輯清晰縝密的論據來說服他人，最後提出結論與建議或心得啟發。

　　當今一位成功的企業家必讀的三本歷久彌新的中文書籍分別是《三國志》、《孫子兵法》與《西遊記》。研讀《三國志》學習謀略，研讀《孫子兵法》學習戰術，研讀《西遊記》學習創新。其中先秦時期孫武所著的《孫子兵法》，至今仍是軍事院校師生研究兵法的重要文獻與指南。《孫子兵法》中的〈謀攻〉篇也被收錄到中學的語文教材中，可見本文除了戰術的指導之外，一定傳達了某種深層教化的意義，值得學生深入學習。

〈孫子兵法——謀攻篇〉

求全：定義

　　孫子曰：夫用兵之法，全國為上，破國次之；全軍為上，破軍次之；全旅為上，破旅次之；全卒為上，破卒次之；全伍為上，破伍次之。

求全：小結

　　是故百戰百勝，非善之善也；不戰而屈人之兵，善之善者也。

求全：論據

　　故上兵伐謀，其次伐交，其次伐兵，其下攻城。攻城之法，為不得已。修櫓轒轀，具器械，三月而後成；距闉，又三月而後已。將不勝其忿而蟻附之，殺士卒三分之一，而城不拔者，此攻之災也。故善

用兵者，屈人之兵而非戰也，拔人之城而非攻也，毀人之國而非久也，必以全爭於天下，故兵不頓而利可全，此謀攻之法也。故用兵之法，十則圍之，五則攻之，倍則分之，敵則能戰之，少則能逃之，不若則能避之。故小敵之堅，大敵之擒也。

求勝：論據

夫將者，國之輔也。輔周則國必強，輔隙則國必弱。故君之所以患於軍者三：不知軍之不可以進而謂之進，不知軍之不可以退而謂之退，是謂縻軍；不知三軍之事而同三軍之政，則軍士惑矣；不知三軍之權而同三軍之任，則軍士疑矣。三軍既惑且疑，則諸侯之難至矣。是謂亂軍引勝。故知勝有五：知可以戰與不可以戰者勝，識眾寡之用者勝，上下同欲者勝，以虞待不虞者勝，將能而君不禦者勝。此五者，知勝之道也。

求勝：小結

故曰：知彼知己，百戰不殆；不知彼而知己，一勝一負；不知彼不知己，每戰必敗。

根據文章的旨意，在心智圖的大分類上，我採取了「**求全**」與「**求勝**」，目的是讓我們很清楚的掌握〈孫子兵法謀攻篇〉**用兵與攻略**論點中的**兩大核心概念**，然後根據文章內容的順序與議論文的結構，列出下一個層級「論點」、「定義」、「小結」與「論據」等。

文言文中常見的一些虛詞，在心智圖當中可以視情況省略之，例如用於幫助閱讀理解的心智圖，基本上都可以省略，但用於記憶全文的心智圖最好還是寫出來。在這篇文章中「夫用兵之法」的「夫」放在句首，表示將要發表議論，屬於虛詞，一般翻譯的時候也都省略它，因此在幫助理解一篇文章的心智圖，也可予以省略。

作者在論據「故上兵伐謀，其次伐交，其次伐兵，其下攻城。……故小敵之堅，大敵之擒也。」中，首先說明用兵的優先順序之後，立即解說攻城之害，接下來說明伐謀的優點，再接著是解說伐兵的用兵之法，對伐交則是沒有說明。

這種順序顛倒、交錯的陳述方式，恐怕不利於學生閱讀的理解。因此在心智圖當中，「求全」的「論據」中，我們可以依據內容的論述，再區分為「正論（全）」與「反論（破）」，將攻城與伐兵接在反論（破）之下，將伐交與伐謀接在正論（全）之下，並以數字小圖標說明它們的優先順序。

同時「修櫓轒轀，具器械，三月而後成；距堙，又三月而後已。」是在說明攻城很「費時」，「將不勝其忿而蟻附之，殺士卒三分之一」是強調攻城將面臨「折兵」的損失；「十則圍之，五則攻之，倍則分之」是說明自己佔有「優勢」時的用兵之法，「敵則能戰之」是說明雙方「平手」時的用兵之法、「少則能逃之，不若則能避之。」是說明自己處於比較「劣勢」時的用兵之法。

我們在心智圖當中分別提取了上層概念，並以黑色字體呈現，如此一來，在閱讀心智圖內容的時候，就能夠理解作者想要傳達的資訊。

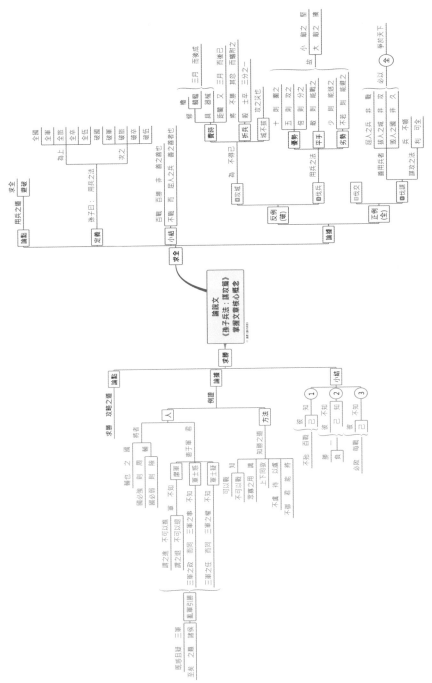

圖 2-5-02〈孫子兵法──謀攻篇〉用論說文模組掌握文章的核心概念。

▶掌握文章的結構

　　不少學生面對內容較多、較為複雜，尤其是議論性質的文言文，恐怕立刻想舉雙手投降。其實只要能夠先掌握並理解整篇文章的中心思想與結構，從它的結構去理解所要論述的幾個要點，接下來再逐一分析各個論點，不但一點都不困難，而且還能享受學習的樂趣。

■ 語文科論說文結構——〈諫逐客書〉

　　我以先秦時期李斯〈諫逐客書〉，為大家說明「起、承、轉、合」結構融入在論說文概念模組中的心智圖應用技巧。

　　整個主結構是以「總論」、「分論」與「結論」為主，再加上了「文體」、「對象」與「寄託」，把與文章相關的知識點，以及作者李斯撰寫此文使用的寫作方式與目的，也羅列到心智圖當中，因為這也是我們從這篇文章可以學習到的知識技巧。

　　「總論」是本文的主要論點，屬於「起」的部分。在「分論」的部分有兩個，第一個「分論」是以「論點」、「論據」與「小結」進行相關的論述，屬於「承」的部分，其論點在於討論「用客之功」，論據則以「先君用客立功」與「始皇用物輕人」的對比進行論述。在第二個「分論」是以譬喻的手法，舉例說明「強國之道」在於「有容乃大」，以此省思「逐客之弊」，這是屬於「轉」的部分；

　　在「結論」以「正說」與「反說」來再次強調逐客之弊，並省思國危之可能性，這是文章最後「合」的部分。作者李斯寄託於這篇奏章，形式上是應用文，但內容上屬於論說文的〈諫逐客書〉，期望秦始皇收回「逐客之命」。

起（總論）：論點

臣聞吏議逐客，竊以為過矣。

承(分論1)：論述先君用客立功

昔穆公求士，西取由余于戎，東得百里奚于宛，迎蹇叔于宋，來邳豹、公孫支于晉。此五子者，不產于秦，而穆公用之，并國二十，遂霸西戎。孝公用商鞅之法，移風易俗，民以殷盛，國以富強，百姓樂用，諸侯親服，獲楚、魏之師，舉地千里，至今治強。惠王用張儀之計，拔三川之地，西并巴、蜀，北收上郡，南取漢中，包九夷，制鄢、郢，東據成皋之險，割膏腴之壤，遂散六國之眾，使之西面事秦，功施到今。昭王得范雎，廢穰侯，逐華陽，強公室，杜私門，蠶食諸侯，使秦成帝業。

承(分論1)：小結

此四君者，皆以客之功。由此觀之，客何負于秦哉！向使四君卻客而不內，疏士而不用，是使國無富利之實，而秦無強大之名也。

承(分論1)：論述始皇重物輕人

今陛下致昆山之玉，有隨和之寶，垂明月之珠，服太阿之劍，乘纖離之馬，建翠鳳之旗，樹靈鼉之鼓。此數寶者，秦不生一焉，而陛下說之，何也？必秦國之所生然后可，則是夜光之璧，不飾朝廷；犀象之器，不為玩好；鄭、衛之女不充后宮，而駿良駃騠不實外廄，江南金錫不為用，西蜀丹青不為采。所以飾后宮，充下陳，娛心意，說耳目者，必出于秦然后可，則是宛珠之簪，傅璣之珥，阿縞之衣，錦繡之飾不進于前，而隨俗雅化，佳冶窈窕，趙女不立于側也。夫擊甕叩缶彈箏搏髀，而歌呼嗚嗚快耳者，真秦之聲也；《鄭》、《衛》、《桑間》，《韶》、《虞》、《武》、《象》者，異國之樂也。今棄擊甕叩缶而就《鄭》、《衛》，退彈箏而取《昭》、《虞》，若是者何也？快意當前，適觀而已矣。今取人則不然。不問可否，不論曲直，非秦者去，為客者逐。然則是所重者在乎色樂珠玉，而所輕者在乎人民也。此非所以跨海內、制諸侯之術也。

臣聞地廣者粟多，國大者人眾，兵強則士勇。是以泰山不讓土壤，故能成其大；河海不擇細流，故能就其深；王者不卻眾庶，故能明其德。

定義

是以地無四方，民無異國，四時充美，鬼神降福，此五帝三王之所以無敵也。

論據：正論

今乃棄黔首以資敵國，卻賓客以業諸侯，

小結

使天下之士退而不敢西向，裹足不入秦

論據：反論

，此所謂"借寇兵而齎盜糧"者也。

夫物不產于秦，可寶者多；士不產于秦，而願忠者眾。今逐客以資敵國，損民以益讎，內自虛而外樹怨于諸侯，求國無危，不可得也。

省思：逐客之弊

合（結論）

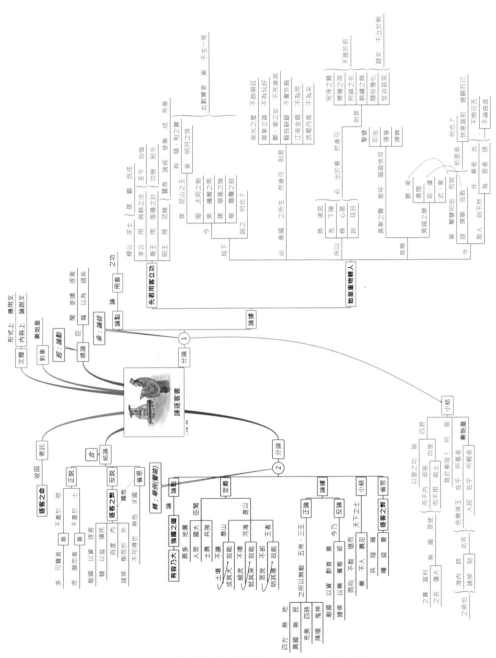

■ 圖 2-5-03〈諫逐客書〉用論說文模組掌握文章的結構。

■ 語文科論說文結構——〈勸學〉

　　戰國末期的思想家、教育家荀子所著的〈勸學〉，是一篇文字與論點都比較多的議論文，拆解這篇文章的時候，我們還是採用論說文的模組來分析。因此我先以一張心智圖羅列出整體結構，我們在深入學習之前，先對這篇文章有個大致上的印象，分別是「對象」、「總論」、「分論（論點）」、「寄託」與「延伸閱讀」。

　　在總論的地方，是文章中開門見山的一句話「學不可以已」，它說明瞭整篇文章的核心價值「學習是永無止盡的」，也就是當今所強調的終身學習。在心智圖當中，為了幫助學生理解這句文言文，我拆解成四個關鍵字「學 - 不可 - 以 - 已」，這是因為文中的「以」是「讓它」的意思，整句話的意思是「學習 - 不可 - 讓它 - 停止」。

　　分論的部分是根據文章的內容，歸納出九個論點，分別是①學習可以改變本質、②學習需要假借外物、③學習需要慎選環境、④學習需要慎其所立、⑤學習需要積累持久、⑥學習需要專心致志、⑦學習積累成效、⑧學習的內容目與⑨君子和小人的學習態度與結果。

　　當我們以「分論」作為中心主題，展開另一張獨立的心智圖時，它的第一層級，也就最上層級的關鍵字，可以採用這 9 個數字編號，也可以使用這九個論點，其優劣點在案例的地方會進一步解說。由於荀子透過這九個論點要告訴我們終身學習的重要性，這也是當今社會的重要思潮與生活實踐，因此我會更詳細地用心智圖法拆解分析這九個論點，希望大家在學習運用心智圖整理讀書筆記的時候，也能建立良好的學習態度。

　　寄託則說明作者的期望，透過本文勸勉眾人努力為學的情懷。同時在心智圖中也增加了「延伸閱讀」這個分支，目的在於提出與這篇文章相關的課文，例如〈師說〉、〈傷仲永〉，以幫助我們能夠從廣度與深

〈勸學〉

總論：

> 君子曰：學不可以已。

分論：

> 青、取之於藍，而青於藍；冰、水為之，而寒於水。木直中繩，輮以
> 為輪，其曲中規，雖有槁暴，不復挺者，輮使之然也。故木受繩則
> 直，金就礪則利，君子博學而日參省乎己，則知明而行無過矣。……
> 君子之學也，以美其身；小人之學也，以為禽犢。故不問而告謂之
> 傲，問一而告二謂之囋。傲、非也，囋、非也；君子如嚮矣。

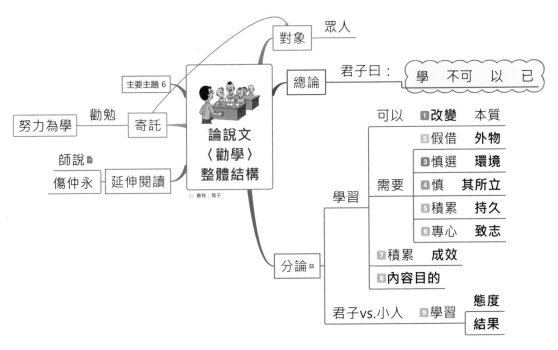

▌ 圖 2-5-04〈勸學〉用論說文模組掌握文章的主要結構。

度進一步的學習。在心智圖中，我們可以在「師說」這個關鍵字的地方，建立一個與〈師說〉這篇文章心智圖的超連結，當點擊連結的小圖標，就能打開〈師說〉的心智圖。

接著再以另一張心智圖呈現出九個分論點，這時候心智圖的展開有二種形式，第一種是以整體結構，「分論」這個分支當中的數字編號，作為分類的關鍵字，也就是從中心主題，先展開九個數字編號，每個編號之後分別列出「論點」、「定義」、「緣由」、「論據」、「哲理」、「感受」與「小結」等。

這種以數字編號作為展開心智圖第一層結構的方式，基本上也沒什麼不好，不過它們與文章的內容缺乏直接的關聯性，因此針對議論文、說明文之類的文章，盡可能避免採用數字編號作為第一個層級或分類時類別的名稱。

第二種展開的方式就是以這九個分論的「論點」，做為這張「分論心智圖」的最上層概念。在心智圖法的分類層級原則中，越上位階、也就是越靠近中心主題的關鍵字，代表的是越重要的概念。在各個分論中，論點是歸納文章內容所提煉出來的概念，因此以它做為展開心智圖第一個層級的概念，對學習者而言更具有意義性。

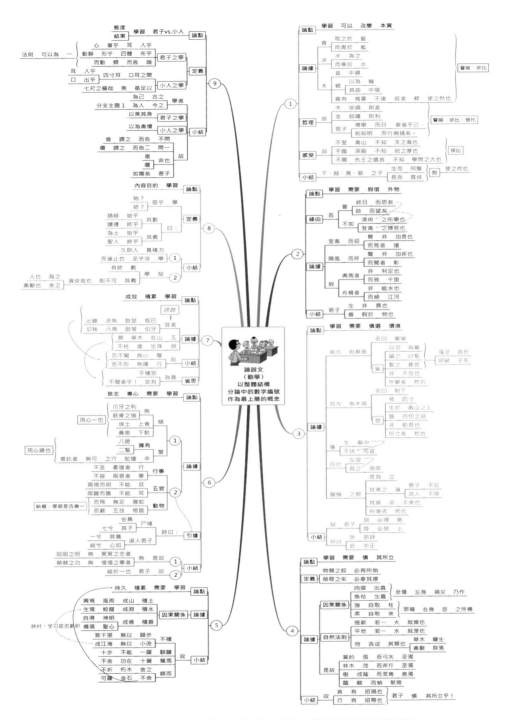

圖 2-5-05a〈勸學〉以整體結構分論中的數字編號做為最上層的概念

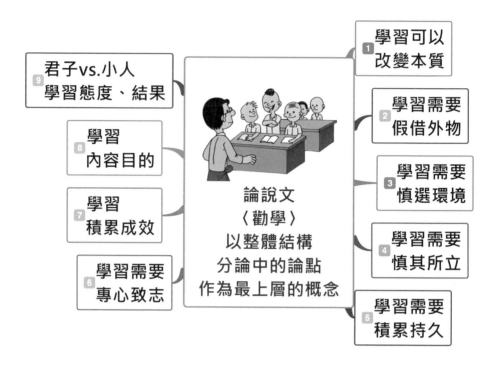

圖 2-5-05b〈勸學〉以整體結構分論中的論點做為最上層的概念。

　　由於荀子在〈勸學〉這篇文章中使用了許多優美的修辭技巧，修辭的應用技巧也是這篇課文的學習重點之一，因此在心智圖中，以灰色字體標示出文章中所使用到的修辭種類。接下來針對九個分論當中的論點，分別以心智圖法進行分析拆解。

❶ 學習可以改變本質

論據：

青、取之於藍，而青於藍；冰、水為之，而寒於水。木直中繩，輮以為輪，其曲中規，雖有槁暴，不復挺者，輮使之然也。

哲理：

故木受繩則直，金就礪則利，君子博學而日參省乎己，則知明而行無過矣。

感受：

故不登高山，不知天之高也；不臨深谿，不知地之厚也；不聞先王之遺言，不知學問之大也。

小結：

干、越、夷、貉之子，生而同聲，長而異俗，教使之然也。

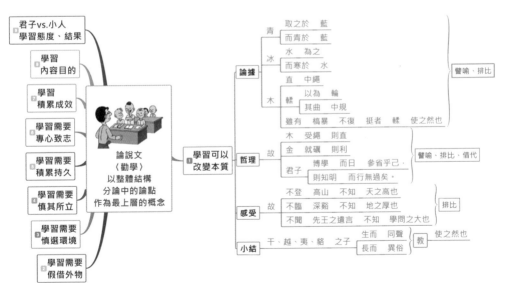

▌圖 2-5-05b1 以分論中的論點〈學習可以改變本質〉做為最上層的概念。

❷ 學習需要假借外物

> 緣由：
>
> 　　吾嘗終日而思矣，不如須臾之所學也。吾嘗跂而望矣，不如登高之博見也。
>
> 論據：
>
> 　　登高而招，臂非加長也，而見者遠；順風而呼，聲非加疾也，而聞者彰。假輿馬者，非利足也，而致千里；假舟楫者，非能水也，而絕江河。
>
> 小結：
>
> 　　君子生非異也，善假於物也。

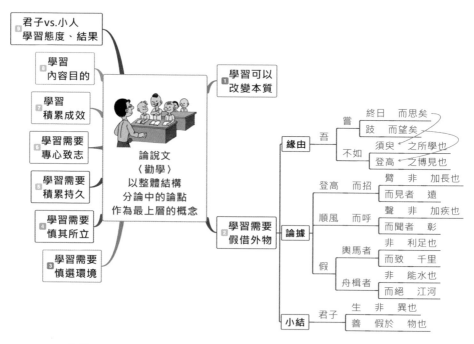

▌圖 2-5-05b2 以分論中的論點〈學習需要假借外物〉做為最上層的概念。

❸ 學習需要慎選環境

論據：

　　南方有鳥焉，名曰蒙鳩，以羽為巢，而編之以髮，繫之葦苕，風至苕折，卵破子死。巢非不完也，所繫者然也。西方有木焉，名曰射干，莖長四寸，生於高山之上，而臨百仞之淵，木莖非能長也，所立者然也。蓬生麻中，不扶而直；白沙在涅，與之俱黑。蘭槐之根是為芷，其漸之滫，君子不近，庶人不服。其質非不美也，所漸者然也。

小結：

　　故君子居必擇鄉，遊必就士，所以防邪辟而近中正也。

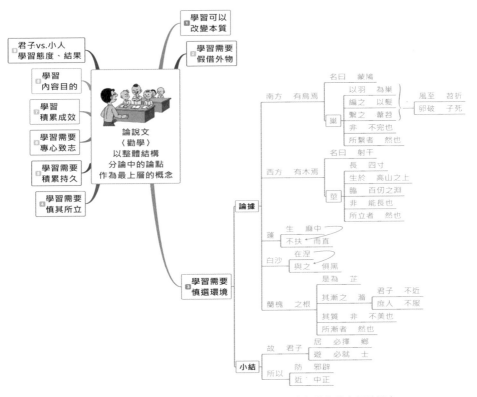

▌圖 2-5-05b3 以分論中的論點〈學習需要慎選環境〉做為最上層的概念。

❹ 學習需要慎其所立

定義：

　物類之起，必有所始。榮辱之來，必象其德。

論據：

　肉腐出蟲，魚枯生蠹。怠慢忘身，禍災乃作。強自取柱，柔自取束。邪穢在身，怨之所構。施薪若一，火就燥也，平地若一，水就溼也。草木疇生，禽獸群焉，物各從其類也。是故質的張，而弓矢至焉；林木茂，而斧斤至焉；樹成蔭，而眾鳥息焉。醯酸，而蜹聚焉。

小結：

　故言有招禍也，行有招辱也，君子慎其所立乎！

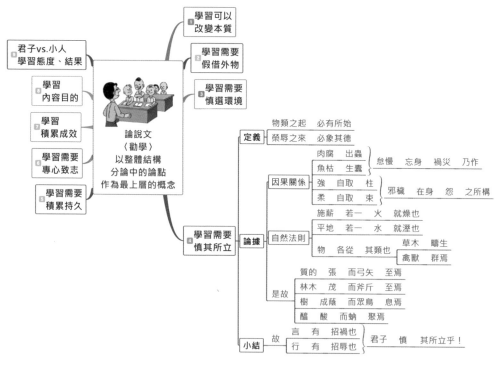

▌圖 2-5-05b4 以分論中的論點〈學習需要慎其所立〉做為最上層的概念。

❺ 學習需要積累持久

論據：

積土成山，風雨興焉；積水成淵，蛟龍生焉；積善成德，而神明自得，聖心備焉。

小結：

故不積跬步，無以致千里；不積小流，無以成江海。騏驥一躍，不能十步；駑馬十駕，功在不舍。鍥而舍之，朽木不折；鍥而不舍，金石可鏤。

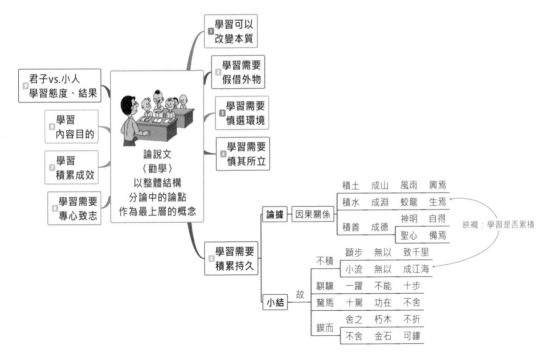

▌圖 2-5-05b5 以分論中的論點〈學習需要積累持久〉做為最上層的概念。

❻ 學習需要專心致志

論據1：

蚯無爪牙之利，筋骨之強，上食埃土，下飲黃泉，用心一也。蟹八跪而二螯，非蛇蟺之穴，無可寄託者，用心躁也。

小結1：

是故無冥冥之志者，無昭昭之明；無惛惛之事者，無赫赫之功。

論據2：

行衢道者不至，事兩君者不容。目不能兩視而明，耳不能兩聽而聰。騰蛇無足而飛，梧鼠五技而窮。

引據：

詩曰：「屍鳩在桑，其子七兮。淑人君子，其儀一兮。其儀一兮，心如結兮。」

小結2：

故君子結於一也。

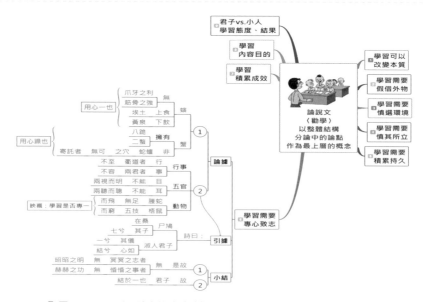

▌ 圖 2-5-05b6 以分論中的論點〈學習需要專心致志〉做為最上層的概念。

❼ 學習積累成效

論據：

昔者瓠巴鼓瑟，而流魚出聽；伯牙鼓琴，而六馬仰秣。

小結：

故聲無小而不聞，行無隱而不形。

論據：

玉在山而草木潤，淵生珠而崖不枯。

省思：

為善不積邪，安有不聞者乎！

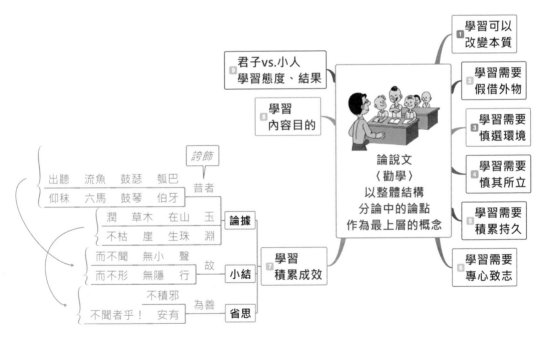

圖 2-5-05b7 以分論中的論點〈學習積累出成效〉做為最上層的概念。

❽ 學習的內容目的

定義：

　　學惡乎始？惡乎終？曰：其數則始乎誦經，終乎讀禮；其義則始乎為士，終乎為聖人。

小結1：

　　真積力久則入。學至乎沒而後止也。

小結2：

　　故學數有終，若其義則不可須臾舍也。為之人也，舍之禽獸也。

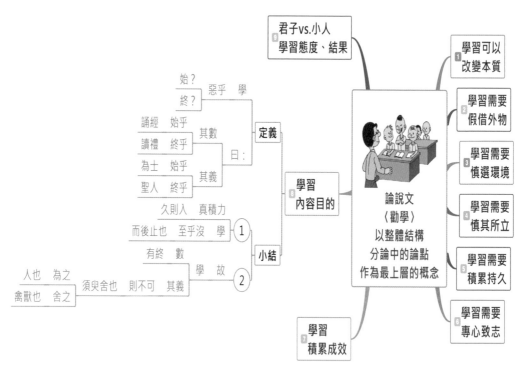

▌圖 2-5-05b8 以分論中的論點〈學習的內容目的〉做為最上層的概念。

❾ 君子和小人的學習態度與結果

定義：

　　君子之學也，入乎耳，著乎心，布乎四體，形乎動靜。端而言，蝡而動，一可以為法則。小人之學也，入乎耳，出乎口；口耳之間，則四寸耳，曷足以美七尺之軀哉！

小結：

　　古之學者為己，今之學者為人。君子之學也，以美其身；小人之學也，以為禽犢。故不問而告謂之傲，問一而告二謂之囋。傲、非也，囋、非也；君子如嚮矣。

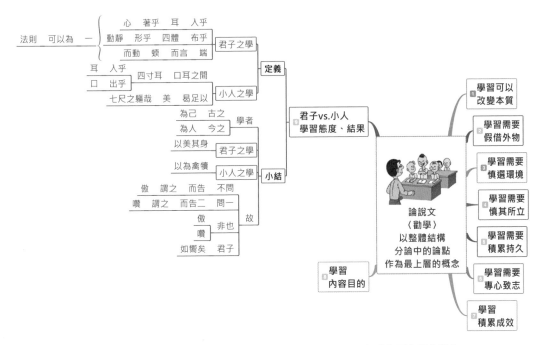

▌ 圖 2-5-05b9 以分論中的論點〈君子和小人的學習態度與結果〉做為最上層的概念。

▶ 延伸學習的重要性與做法

　　當我們能從〈勸學〉接著延伸學習〈師說〉，是一種具有意義化、組織化的學習策略，能夠把相關的知識整合在一起，進行系統性的學習，是很重要的學習態度與能力。

　　接下來，我用〈師說〉來為大家以心智圖法進行分析猜解，這是被譽為唐宋八大家之首的韓愈所創作的議論文。在文章中，韓愈闡述了從師問學的道理，並諷刺恥學於師的社會陋習，字裡行間舉了許多正反面的事例，層層對比、反覆論證，說明從師問學的重要性、必要性與原則。

〈師說〉

總論：

　　古之學者必有師。師者，所以傳道、受業、解惑也。人非生而知之者，孰能無惑？惑而不從師，其為惑也終不解矣！

分論：師與道的關聯性

　　生乎吾前，其聞道也，固先乎吾，吾從而師之；生乎吾後，其聞道也，亦先乎吾，吾從而師之。吾師道也，夫庸知其年之先後生於吾乎？是故無貴、無賤、無長、無少，道之所存，師之所存也。

分論：從師問學與恥學於師的差異性

　　嗟乎，師道之不存也久矣，欲人之無惑也難矣。古之聖人，其出人也遠矣，猶且從師而問焉。今之眾人，其下聖人也亦遠矣，而恥學

於師。是故聖益聖，愚益愚。聖人之所以為聖，愚人之所以為愚，其皆出於此乎？

愛其子，擇師而教之，於其身則恥師焉，惑矣！彼童子之師，授之書而習其句讀者也，非吾所謂傳其道、解其惑者也。句讀之不知，惑之不解，或師焉，或不焉，小學而大遺，吾未見其明也。

巫、醫、樂師、百工之人，不恥相師。士大夫之族，曰師曰弟子雲者，則群聚而笑之。問之，則曰：「彼與彼年相若也，道相似也。」位卑則足羞，官盛則近諛。嗚乎！師道之不復可知矣。巫、醫、樂師百工之人，君子不齒，今其智乃反不能及，其可怪也歟！

分論：師與道的關聯性

聖人無常師。孔子師郯子、萇弘、師襄、老聃。郯子之徒，其賢不如孔子。孔子曰三人行必有我師，是故弟子不必不如師，師不必賢於弟子，聞道有先後，術業有專攻，如是而已。

補敘：

李氏子蟠，年十七，好古文，六藝、經傳，皆通習之。不拘於時，請學於餘，餘嘉其能行古道，作師說以貽之。

唐朝韓愈的〈師說〉與春秋荀子的〈勸學〉，在結構上兩者相較之下，〈師說〉是在文章的第一段就先做出總結論述，因此將第一段的內容區分成**定義**、**論據**與**小結**，整理在架構心智圖的總論之下。此外在文末，作者補充說明寫這篇文章的目的，在心智圖當中則以「補敘」這分支來記錄其說明。（圖 2-5-06a）

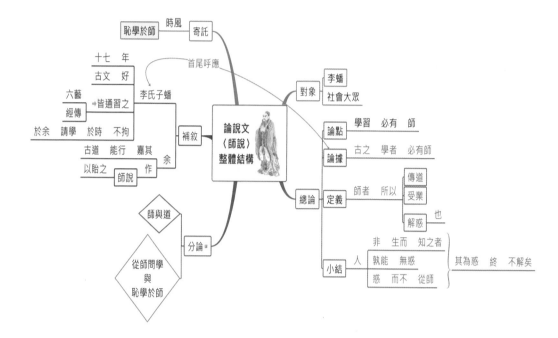

圖 2-5-06a 論說文〈師說〉整體架構

　　在分論的這張心智圖（圖 2-5-06b）中，是以分論的兩個論點做為從中心，展開的兩個主要主題。在這兩個主題之下，再以**論說文的模組**進行內容的分析與拆解。

　　這兩個論點是怎麼得到的？主要來源有三個，①自己根據文章的內容做出歸納；②上課時國文老師告訴我們的；③看參考書的。偷偷告訴各位同學，孫老師一方面是從文章中的「道之所存，師之所存也」以及「古之聖人，其出人也遠矣，猶且從師而問焉。今之眾人，其下聖人也亦遠矣，而恥學於師。是故聖益聖，愚益愚。聖人之所以為聖，愚人之所以為愚，其皆出於此乎？」這兩句話做出歸納，同時看參考書確認自己的歸納無誤的。

　　作者在文章中：「生乎吾前，其聞道也，固先乎吾，吾從而師

之……師不必賢於弟子，聞道有先後，術業有專攻，如是而已。」這一大段交錯地議論了「師與道的關聯性」與「從師問學與恥學於師的差異性」，但是為了幫助我們理解作者哪些觀點是議論說明「師與道的關聯性」，哪些觀點是議論說明「從師問學與恥學於師的差異性」，所以在心智圖中的組織結構，不是按照文章的自然段，而是從上述兩大主題，依據論說文的模組重新排列組合。

　　除了組織結構之外，〈師說〉與〈勸學〉這類型的文章，以心智圖整理讀書筆記的時候，都會面臨一大串字的窘境。雖然文章筆記類型的心智圖，不像腦力激盪、構思專案、分析問題的場合，嚴格要求一線一詞，但還是盡量精簡一點會比較好。因此在「分論」的心智圖當中，它的第一層級是以一**串字**或一**個短句**的形式，寫出論點的主要概念；在它的下一個層級，再次以一**線一詞**的原則，並省略虛字與一些不影響理解文義的文字，來呈現出論點的內容。

　　在此我也要提醒一下大家，如果想要一字不漏的背誦一篇文章，這時候我們得依據文章的自然段重新組織心智圖的結構，必要時再以手繪的方式來強化記憶的效果。記憶心智圖筆記內容的技巧，在後面介紹知識地圖學習法（KMST）與高效筆記與記憶學習法（RMMR）時，我會再仔細說明。

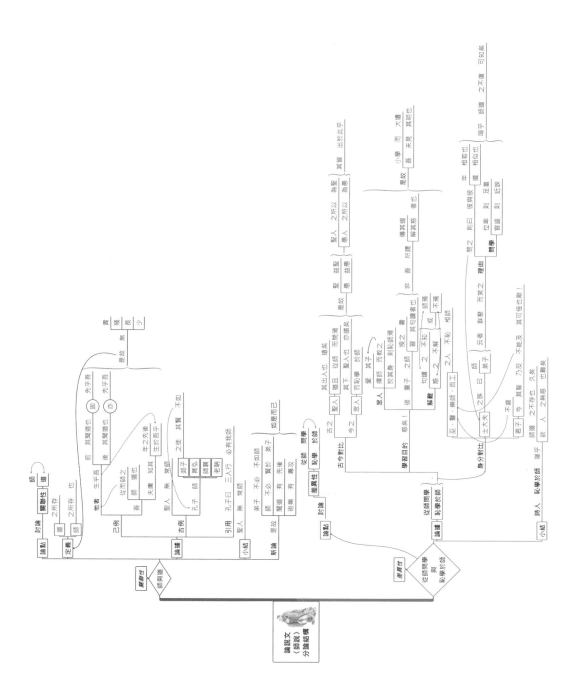

■ 圖 2-5-06b 論說文〈師說〉分論結構

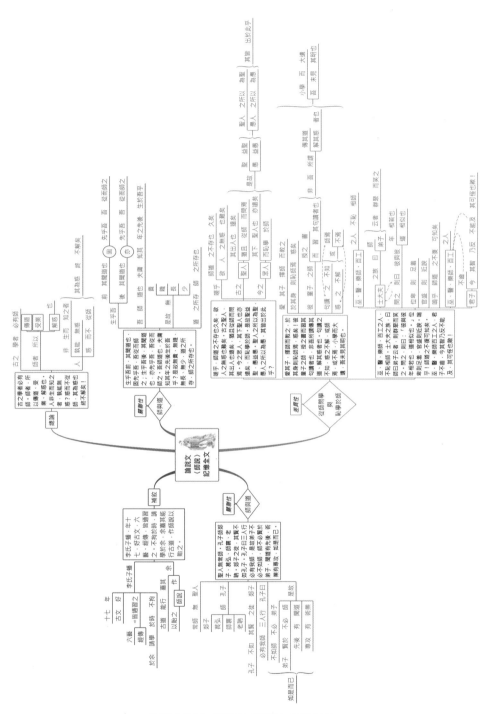

圖 2-5-06c 論說文〈師說〉記憶全文

▶ 層次分明的邏輯思維

在〈師說〉的案例中，一張心智圖包括了整篇文章的內容，雖然可以掌握全貌，但內容偏多的情況下，要在一張紙上或電腦螢幕上全部展現，則會讓文字顯得太小，如果為了想看清楚文字而把電腦螢幕放大，又只能看到局部的內容，這樣對內容的理解與記憶，可能造成一定程度的妨礙。因此可以針對每一個分論的論點，都以另一張心智圖來呈現，這樣可以讓心智圖的結構仍然保有嚴謹的邏輯結構，同時具有提升理解與記憶的效果。

在〈勸學〉分論的案例，就是類似的做法。現在我再用唐朝一代名相魏徵的〈諫太宗十思疏〉為例，為大家做個示範。

首先，我們還是以一張整體結構的心智圖，對文章先有個初步概貌的瞭解。

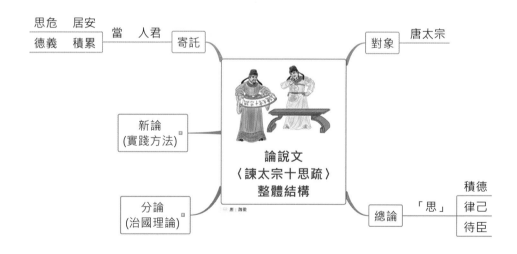

■ 圖 2-5-07a 論說文〈諫太宗十思疏〉整體結構。

〈諫太宗十思疏〉

分論：治國理論

論點1：安國之本在於積德

論據：

臣聞求木之長者，必固其根本；欲流之遠者，必浚其泉源；思國之安者，必積其德義。源不深而望流之遠，根不固而求木之長，德不厚而思國之治，

省思：

雖在下愚，知其不可，而況於明哲乎？

小結：

人君當神器之重，居域中之大，將崇極天之峻，永保無疆之休，不念居安思危，戒奢以儉，德不處其厚，情不勝其欲，斯亦伐根以求木茂，塞源而欲流長者也。

論點2：歷代國君不能克終之因

論據：

凡百元首，承天景命，莫不殷憂而道著，功成而德衰，有善始者實繁，能克終者蓋寡。豈其取之易而守之難乎？昔取之而有餘，今守之而不足，何也？

小結1：

夫在殷憂，必竭誠以待下；既得志，則縱情以傲物。

新論：

竭誠則胡越之一體，傲物則骨肉為行路。

小結2：

雖董之以嚴刑，震之以威怒，終苟免而不懷仁，貌恭而不心服。

怨不在大，可畏惟人，

省思：

載舟覆舟，所宜深慎，奔車朽索，其可忽乎！

新論：國君實踐治國之道的方法

論據：

君人者，誠能見可欲，則思知足以自戒；將有所作，則思知止以安人；念高危，則思謙沖而自牧；懼滿溢，則思江海而下百川；樂盤遊，則思三驅以為度；憂懈怠，則思慎始而敬終；慮壅蔽，則思虛心以納下；想讒邪，則思正身以黜惡；恩所加，則思無因喜以謬賞；罰所及，則思無因怒而濫刑。總此十思，弘茲九德。簡能而任之，擇善而從之，

小結：

則智者盡其謀，勇者竭其力，仁者播其惠，信者效其忠。文武爭馳，君臣無事，可以盡豫遊之樂，可以養松喬之壽，鳴琴垂拱，不言而化。

省思：

何必勞神苦思，代下司職，役聰明之耳目，虧無為之大道哉？

　　接著再從文章中「臣聞求木之長者，必固其根本……斯亦伐根以求木茂，塞源而欲流長者也。」歸納出第一個治國理論「安國之本在於積德」；「凡百元首，承天景命……奔車朽索，其可忽乎！」歸納出第二個治國理論「歷代國君不能克終之因」。

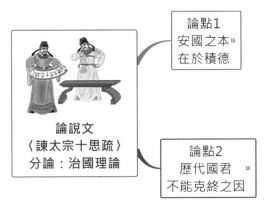

圖 2-5-07b 論說文分論「治國理論」的兩個論點〈諫太宗十思疏〉

　　接著再分別以兩張心智圖說明這二個治國理論。最後將文章中占了近一半篇幅的「君人者，誠能見可欲……虧無為之大道哉？」，歸納出「國君實踐治國之道的方法」這概念與心智圖的結構內容。

　　在「安國之本在於積德」的論據中，作者魏徵從樹木、河流與治國三個例子，先說明好的辦法之後，再分別提出反問。因此在心智圖當中論據的分支，從「木」、「流」與「國」做出第二層級的分類，然後再分別以「正論」與「質問」展開第三之後的層級與內容。

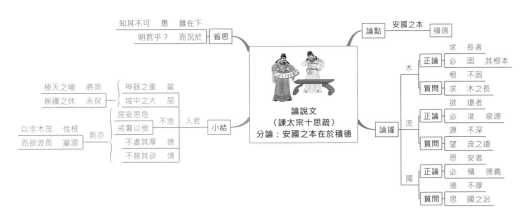

圖 2-5-07c〈諫太宗十思疏〉分論：「治國理論」安國之本在於積德。

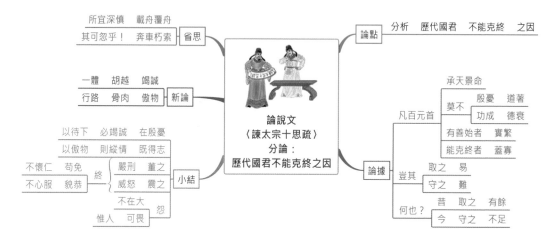

圖 2-5-07d〈諫太宗十思疏〉分論:「治國理論」歷代國君不能克終之因。

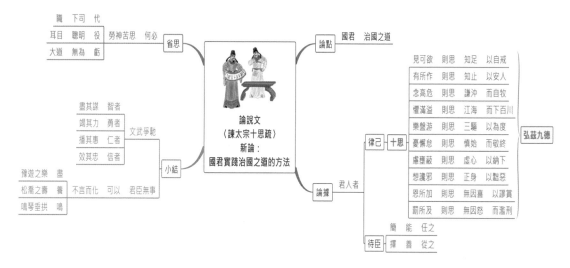

圖 2-5-07d〈諫太宗十思疏〉新論:國君實踐治國之道的方法。

▶ 培養批判性思維的策略

　　評論或批評（Comments 或 Condemn）不完全等於是批判性思維
（Critical Thinking），評論或批評是帶有是非善惡的個人價值觀色彩，
針對事物的缺失、錯誤提出意見；批判性思維則偏向理性、客觀，根據
美國加州大學聖芭芭拉分校（University of California, Santa Barbara）著
名的心理學教授梅耶（Richard E. Mayer）在《教育心理學：認知取向
（*Educational psychology: A cognitive approach*）》一書中指出，批判思考
的學習策略（Critical Thinking Strategy）是針對學習的主題內容，必須
掌握知識的整體性，瞭解其中事物的描述和問題的定義，並能夠以全新
的角度、換位思考的方式，以理性、深度的模式對知識進行探討，並判
斷它的真實性與完整度。

　　在語文科的試題中，不乏考問學生關於某一篇文章是什麼文體、主
旨為何，作者的背景、學派、學術成就等，老師也常提醒學生，過去的
考試中，這篇文章最常出現的考點是什麼。因此，我們以心智圖梳理一
篇文章結構之前，可以採用更宏觀的視角，先整理出一張概貌的心智
圖，結構項目包括這篇文章的文體、文眼（主旨）、作者、結構解析、
補充資料……等。

　　在〈在台灣通史序〉這張心智圖中（圖 2-5-08a），是以年紀的增
長來說明作者的背景，但無法從他的歲數就能完全理解為何會發生那些
事情，因此在下方加上小標籤說明年代。例如：18 歲下方小標籤說明
是光緒 21 年，光緒 21 年是不是比起 18 歲更有意義感。如果不清楚的
話，上網查一下「光緒 21 年」與「臺灣割讓日本」就可以知道前一年

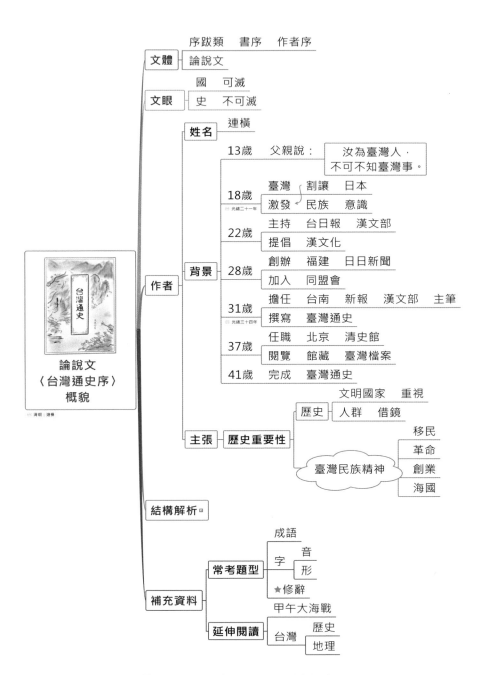

論說文〈台灣通史序〉概貌

文體
序跋類　書序　作者序
論說文

文眼
國　可滅
史　不可滅

作者

姓名
連橫

背景

13歲　父親說：汝為臺灣人，不可不知臺灣事。

18歲（光緒二十一年）
臺灣　割讓　日本
激發　民族　意識

22歲
主持　台日報　漢文部
提倡　漢文化

28歲
創辦　福建　日日新聞
加入　同盟會

31歲（光緒三十四年）
擔任　台南　新報　漢文部　主筆
撰寫　臺灣通史

37歲
任職　北京　清史館
閱覽　館藏　臺灣檔案

41歲　完成　臺灣通史

主張　歷史重要性

文明國家　重視
歷史　人群　借鏡

臺灣民族精神
移民
革命
創業
海國

結構解析

補充資料

常考題型
成語
字　音　形
★修辭

延伸閱讀
甲午大海戰
台灣　歷史　地理

■ 圖 2-5-08a 論說文〈台灣通史序〉概貌。

（光緒 20 年）發生中日甲午大海戰，清朝戰敗，於是在光緒 21 年 3 月 23 日在日本馬關，簽訂不平等的「馬關條約」，把臺灣與周邊附屬島嶼割讓給了日本。

　　如果大家對甲午大海戰或臺灣割讓給日本之後的發展有興趣，那麼可以在心智圖中增加一項「延伸閱讀」，這種結合語文與歷史、地理的學習方式，不僅可以激發讀書學習的樂趣，也是學習策略中的意義化策略、批判性策略與組織化策略，特別是批判性思維的培養。

　　接著在結構框架心智圖的類別項目中，除了「總論」與「寄託」之外，我不是採用「分論」、「新論」、「小結」等這些論說文的概念模組名稱，而是直接採用作者撰寫《台灣通史》這本書的「創作動機」、「歷史的重要」、「遭遇困難」、「創作經過」等，這對於已經熟悉議論文或說明文的學生，應不至於造成理解上的障礙，反而能更清楚記住整篇文章的結構框架與概念。

　　為了幫助對應心智圖的結構框架與課文段落之間的關係，我在每一個主題下方標示出是在課文的哪幾個段落，如果為了方便與原文做對照的話，可以在該主題的備註欄附上文章的原文。

　　根據教學的目的和分析歸納過去的考題，〈台灣通史序〉這篇文章的學習重點之一是修辭的技巧，因此在文章解析的心智圖，以灰色文字與關連線條來指出並說明，作者寫作時使用的修辭手法。

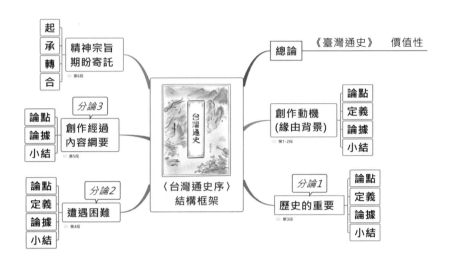

圖 2-5-08b 論說文〈台灣通史序〉結構框架。

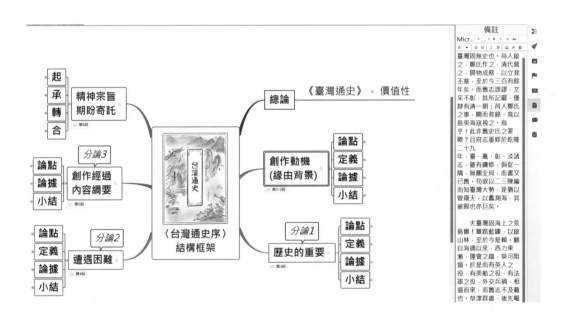

圖 2-5-08c 論說文〈台灣通史序〉在備註欄附上文章原文。

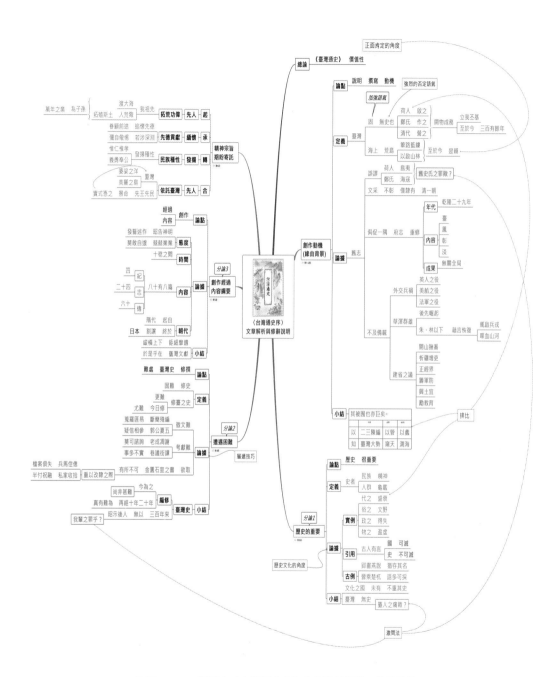

圖 2-5-08d 論說文〈台灣通史序〉文章解析與說明修辭的技巧。

第六節 | 多重概念模組的心智圖筆記技巧 (語文)

　　花蓮高中語文教師王清平根據他多年的教學經驗和在臺灣師範大學國文學系碩士論文的研究結果指出，面對體制較為龐大的文言文，分析一篇文章必須使用的「概念模組」也就要增加，依據組合的差異，可細分為「並列式」與「疊合式」的多重概念模組。

　　「並列式」架構沒有上下階層的關係，只有前後順序的不同；「疊合式」則是以一種概念模組做為上層結構，在其下層另以一種概念模組進行分析，兩種概念模組產生了上下層的關係。或許大家已經注意到了，在前幾節的案例中，也出現過「疊合式」的多重概念模組，在本節當中，將為大家進一步說明多重概念模組的心智圖筆記技巧。

▶並列式的多重概念模組

　　一篇故事類型的文章，之所以會被收錄到教科書之中，絕對不會只是為了讓同學們看個故事而已，一定會有它的教學目的。在布魯姆提出的學校教育三大目標中，寓言故事是情意領域品格教育的好教材。我以明朝劉基（劉伯溫）《郁離子》中的〈趙人患鼠〉這個寓言故事，為大家講解並列式概念模組的心智圖讀書筆記。

〈郁離子：趙人患鼠〉

趙人患鼠，乞貓於中山。中山人予之貓，善捕鼠及雞。月餘，鼠盡而其雞亦盡。其子患之，告其父曰：「盍去諸？」其父曰：「是非若所知也。吾之患在鼠，不在乎無雞。夫有鼠，則竊吾食，毀吾衣，穿吾垣墉，壞傷吾器用，吾將飢寒焉，不病於無雞乎？無雞者，弗食雞則已耳，去飢寒猶遠，若之何而去夫貓也？」

在心智圖當中，我將課文中的內容區分成「故事」與「寓意」兩個並列的概念模組。

「**故事**」是課文寓言故事的內容，因此採用故事模組，先區分成「角色」與「情節」，接著再說明角色的「種類」與「特質」。情節則依故事的「背景」、「開始」、「發展」、「高潮」與「結尾」來分析文章，幫助我們理解文章的內容。

「**寓意**」則是課文中解釋作者意圖傳達的資訊或對故事的詮釋，因此在心智圖以「譬喻」、「議論」與「寄託」進行分析，除了幫助內容的理解之外，亦可帶來情意上的啟發。

以心智圖法整理讀書筆記的時候，雖然針對不可分割的概念，在提取關鍵詞的時候，允許兩個以上的語詞做為一個單位，但還是盡可能精簡一點為佳，可以的話，請遵循「**一線一詞**」的原則，尤其是容易造成語意歧異的時候。

例如文章中「是非若所知也」，這句話恐怕有些同學無法正確理解它的意義，他們會把「是非」放在一起理解成「對與錯」，這句話就解釋成「對錯你所知道的」，這樣是不是有點怪怪的？但拆解成「是 - 非 - 若 - 所知也」，「是」代表「這」，「非」就是「不是」，「若」在這裡指的是「你」，這句話就解釋成「這不是你所知道的」，這樣才符合文

章的原意。

另外,在文章中出現兩個「若」,但意思不一樣,我們可以在這兩個關鍵詞之間,加上一個**淡色點狀線條並加上問號**,提醒自己注意。

在寓意的部分,作者藉由鼠害與貓患做為喻體,來譬喻它們的喻依(本體),也就是必須去除的大害與可以接受的小害。為了更加清楚說明喻體想要譬喻的喻依,在心智圖中可以採用矩陣圖的方式來說明。

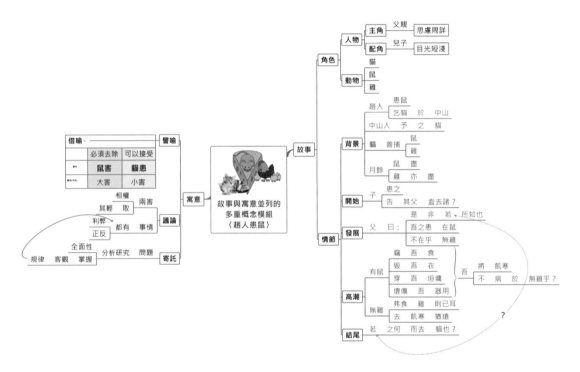

■ 圖 2-6-01〈趙人患鼠〉:故事與寓意並列的多重概念模組。

並列的多重概念模組在形式上是非常多元的,它也可以是幾個基本模組之間相互並列或疊合。〈趙人患鼠〉是以故事內容與文中的寓意相互並列。接著我再用〈過秦論〉示範敘事與議論並列的心智圖呈現方式。

▶ 敘事與議論並列模組

　　為什麼要學習歷史？因為歷史是一面鏡子，歷史是一部百科全書，鑑古知今、學史明智。歷代不乏諸多忠臣以歷史故事對君主提出治國建言，這類文章即是採用敘事與議論並列的形式。

　　〈過秦論〉是西漢初年著名的政論家賈誼分析秦王朝的過失，提醒漢文帝記取秦朝快速滅亡的教訓，體察仁政，建立良好的治國制度，以鞏固統治的基礎。〈過秦論〉分成上中下三篇，我用〈過秦論上篇〉為例，為大家示範用心智圖法分析文章內容的方法。

〈過秦論上篇〉

敘事 - 開始

　　秦孝公據崤函之固，擁雍州之地，君臣固守以窺周室，有席捲天下，包舉宇內，囊括四海之意，併吞八荒之心。當是時也，商君佐之，內立法度，務耕織，修守戰之具；外連衡而鬥諸侯。於是秦人拱手而取西河之外。

敘事 - 發展

　　孝公既沒，惠文、武、昭襄蒙故業，因遺策，南取漢中，西舉巴、蜀，東割膏腴之地，北收要害之郡。諸侯恐懼，會盟而謀弱秦，不愛珍器重寶肥饒之地，以致天下之士，合從締交，相與為一。當此之時，齊有孟嘗，趙有平原，楚有春申，魏有信陵。此四君者，皆明智而忠信，寬厚而愛人，尊賢而重士，約從離衡，兼韓、魏、燕、楚、齊、趙、宋、衛、中山之眾。於是六國之士，有甯越、徐尚、蘇秦、杜赫之屬為之謀，齊明、周最、陳軫、召滑、樓緩、翟景、蘇

屬、樂毅之徒通其意，吳起、孫臏、帶佗、倪良、王廖、田忌、廉頗、趙奢之倫制其兵。嘗以十倍之地，百萬之眾，叩關而攻秦。秦人開關延敵，九國之師，逡巡而不敢進。秦無亡矢遺鏃之費，而天下諸侯已困矣。於是從散約敗，爭割地而賂秦。秦有餘力而制其弊，追亡逐北，伏屍百萬，流血漂櫓。因利乘便，宰割天下，分裂山河。強國請服，弱國入朝。延及孝文王、莊襄王，享國之日淺，國家無事。

敘事-高潮

及至始皇，奮六世之餘烈，振長策而御宇內，吞二周而亡諸侯，履至尊而制六合，執棰拊以鞭笞天下，威振四海。南取百越之地，以為桂林、象郡；百越之君，俯首繫頸，委命下吏。乃使蒙恬北築長城而守藩籬，卻匈奴七百餘裡。胡人不敢南下而牧馬，士不敢彎弓而報怨。於是廢先王之道，焚百家之言，以愚黔首；隳名城，殺豪傑，收天下之兵，聚之咸陽，銷鋒鏑，鑄以為金人十二，以弱天下之民。然後踐華為城，因河為池，據億丈之城，臨不測之淵，以為固。良將勁弩守要害之處，信臣精卒陳利兵而誰何。天下已定，始皇之心，自以為關中之固，金城千里，子孫帝王萬世之業也。

敘事-轉折

始皇既沒，餘威震於殊俗。然陳涉甕牖繩樞之子，氓隸之人，而遷徙之徒也；才能不及中人，非有仲尼、墨翟之賢，陶朱、猗頓之富；躡足行伍之間，而倔起阡陌之中，率疲弊之卒，將數百之眾，轉而攻秦，斬木為兵，揭竿為旗，

敘事-結尾

天下雲集響應，贏糧而景從。山東豪俊遂並起而亡秦族矣。

議論-論據

且夫天下非小弱也，雍州之地，崤函之固，自若也。陳涉之位，

非尊於齊、楚、燕、趙、韓、魏、宋、衛、中山之君也；鉏櫌棘矜，非銛於鉤戟長鎩也；謫戍之眾，非抗於九國之師也；深謀遠慮，行軍用兵之道，非及向時之士也。然而成敗異變，功業相反，何也？試使山東之國與陳涉度長絜大，比權量力，則不可同年而語矣。

議論-省思

然秦以區區之地，致萬乘之勢，招八州而朝同列，百有餘年矣；然後以六合為家，殽函為宮；一夫作難而七廟隳，身死人手，為天下笑者，何也？

議論-新論

仁義不施而攻守之勢異也。

作者賈誼首先以敘事的方式，說明秦孝公奠定基業，惠文王、武王、昭襄王延續基業，一直到秦始皇國力逐漸強盛的原因，之後則說明出身草莽、條件不佳的陳涉揭竿起義，讓強大的秦國滅亡。最後再以議論的對比形式中，歸納出秦國滅亡在於「仁義不施」的結論，所以這是一篇先敘事再議論的並列結構。（圖 2-6-02a）

由於敘事的部分占整篇文章大約 3/4 左右，內容極其繁多，因此在主要結構的心智圖中，敘事這個分支只列出大綱概要，其詳細內容則另以一張心智圖來記錄。

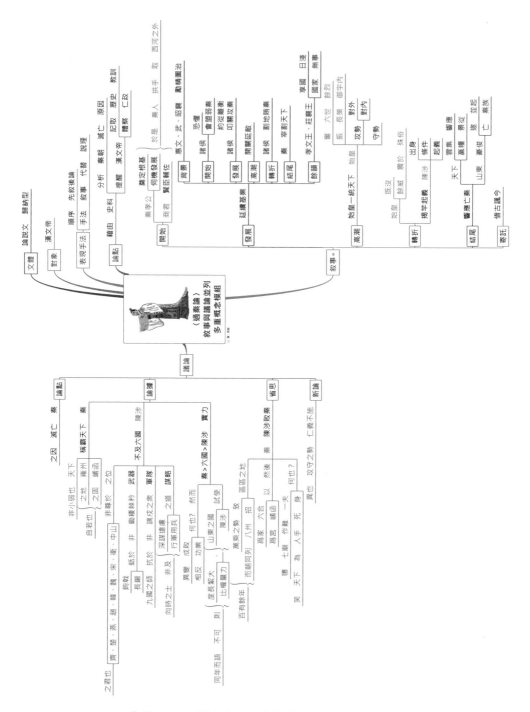

圖 2-6-02a〈過秦論〉：敘事與議論並列的多重概念模組

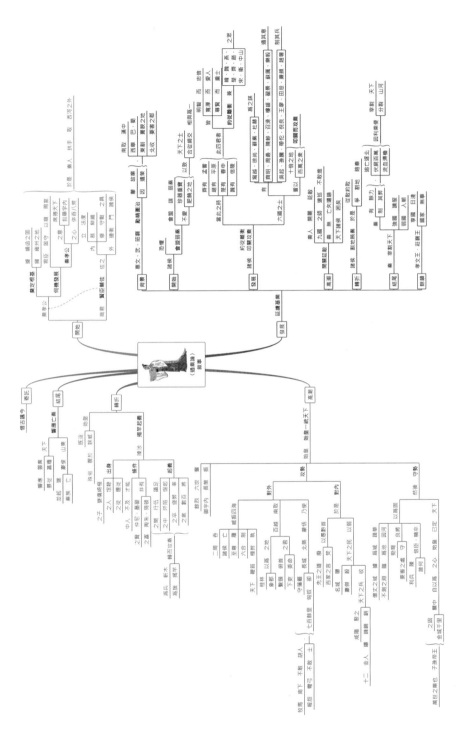

■ 圖 2-6-02b〈過秦論〉敘事的心智圖

▶ 並列式與疊合式的多重概念模組

　　接著我再用北宋范仲淹的〈岳陽樓記〉與蘇軾的〈赤壁賦〉兩篇經典古文，進一步說明如何用心智圖法，來拆解分析一篇作者以並列與疊合的寫作手法，融合了各種的文體來增加豐富性與藝術性的文章。

　　〈岳陽樓記〉是北宋文學家范仲淹應好友巴陵郡太守滕子京的請託，為重修岳陽樓而創作的，綜合了敘事、寫景與議論的借景抒情散文。

〈岳陽樓記〉

　　慶曆四年春，滕子京謫守巴陵郡。越明年，政通人和，百廢具興，乃重修岳陽樓，增其舊制，刻唐賢今人詩賦於其上。屬予作文以記之。

　　予觀夫巴陵勝狀，在洞庭一湖。銜遠山，吞長江，浩浩湯湯，橫無際涯；朝暉夕陰，氣象萬千。此則岳陽樓之大觀也，前人之述備矣。然則北通巫峽，南極瀟湘，遷客騷人，多會於此，覽物之情，得無異乎？

　　若夫霪雨霏霏，連月不開，陰風怒號，濁浪排空；日星隱曜，山嶽潛形；商旅不行，檣傾楫摧；薄暮冥冥，虎嘯猿啼。登斯樓也，則有去國懷鄉，憂讒畏譏，滿目蕭然，感極而悲者矣。

　　至若春和景明，波瀾不驚，上下天光，一碧萬頃；沙鷗翔集，錦鱗游泳；岸芷汀蘭，鬱鬱青青。而或長煙一空，皓月千里，浮光躍金，靜影沉璧，漁歌互答，此樂何極！登斯樓也，則有心曠神怡，寵辱偕忘，把酒臨風，其喜洋洋者矣。

　　嗟夫！予嘗求古仁人之心，或異二者之為，何哉？不以物喜，不

以己悲；居廟堂之高則憂其民；處江湖之遠則憂其君。是進亦憂，退亦憂。然則何時而樂耶？其必曰「先天下之憂而憂，後天下之樂而樂」乎？噫！微斯人，吾誰與歸？

　　時六年九月十五日。

　　文中「慶曆四年春，滕子京謫守巴陵郡……覽物之情，得無異乎？」這二段主要是敘述寫作背景，當中的「予觀夫巴陵勝狀，在洞庭一湖。……覽物之情，得無異乎？」這一段則疊有對岳陽樓的議論。

　　「若夫霪雨霏霏，連月不開……把酒臨風，其喜洋洋者矣。」是借景抒情的寫景。

　　「嗟夫！予嘗求古仁人之心……噫！微斯人，吾誰與歸？」則是針對古代品德高尚之人提出議論。

　　因此，在心智圖當中即以**敘事**、**寫景**與**議論**做為三個主要分支。

　　一開頭敘事部分，范仲淹以「人、事、時、地、物」做為文章寫作的基本元素，說明了寫作緣由與建築物的風景。在描述岳陽樓的風景時，則採用議論的形式，這是敘事的內容中包括了議論的疊合寫作手法。

　　接著先以觀察大自然當中的雨景與晴景，來描寫悲傷與快樂的心情（借景抒情），又隨著時間的變化，區分成日景與夜景（隨時推移），再從遠近（定點描述：層遞）、動物與植物（分類觀察）等角度來寫景。因此心智圖的結構即依寫作的手法，做出分類的結構階層。最後范仲淹是以議論文的形式，探討古代品德高尚人士的胸襟與情懷。

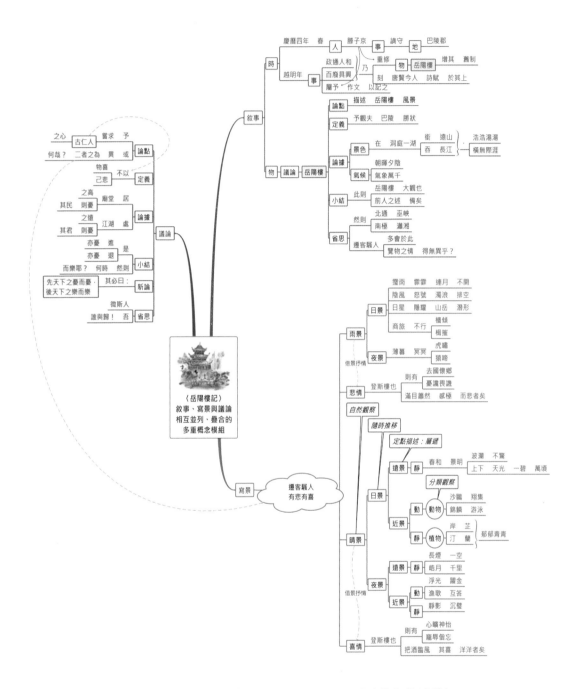

圖 2-6-03〈岳陽樓記〉敘事、寫景與議論相互並列、疊合的多重概念模組。

〈赤壁賦〉

壬戌之秋，七月既望，蘇子與客泛舟，遊於赤壁之下。清風徐來，水波不興。舉酒屬客，誦《明月》之詩，歌《窈窕》之章。少焉，月出於東山之上，徘徊於斗、牛之間。白露橫江，水光接天。縱一葦之所如，凌萬頃之茫然。浩浩乎如馮虛禦風，而不知其所止；飄飄乎如遺世獨立，羽化而登仙。

於是飲酒樂甚，扣舷而歌之。歌曰：「桂棹兮蘭槳，擊空明兮溯流光。渺渺兮予懷，望美人兮天一方。」客有吹洞簫者，倚歌而和之。其聲嗚嗚然，如怨如慕，如泣如訴，餘音裊裊，不絕如縷，舞幽壑之潛蛟，泣孤舟之嫠婦。

蘇子愀然。正襟危坐，而問客曰：「何為其然也？」

客曰：「『月明星稀，烏鵲南飛』，此非曹孟德之詩乎？西望夏口，東望武昌，山川相繆，鬱乎蒼蒼，此非孟德之困於周郎者乎？方其破荊州，下江陵，順流而東也，舳艫千里，旌旗蔽空，釃酒臨江，橫槊賦詩，固一世之雄也，而今安在哉？況吾與子漁樵於江渚之上，侶魚蝦而友麋鹿；駕一葉之扁舟，舉匏樽以相屬。寄蜉蝣於天地，渺滄海之一粟。哀吾生之須臾，羨長江之無窮。挾飛仙以遨遊，抱明月而長終。知不可乎驟得，托遺響於悲風。」

蘇子曰：「客亦知夫水與月乎？逝者如斯，而未嘗往也；盈虛者如彼，而卒莫消長也。蓋將自其變者而觀之，則天地曾不能以一瞬；自其不變者而觀之，則物與我皆無盡也，而又何羨乎！且夫天地之間，物各有主；苟非吾之所有，雖一毫而莫取。惟江上之清風，與山間之明月，耳得之而為聲，目遇之而成色，取之無禁，用之不竭，是造物者之無盡藏也，而吾與子之所共食（適）。」

客喜而笑，洗盞更酌，餚核既盡，杯盤狼籍。相與枕藉乎舟中，不知東方之既白。

〈赤壁賦〉是中學時期讓我非常頭疼的文章之一，除了必須背誦之外，最主要的原因是不理解這篇文章究竟在講什麼，明明看起來像是一篇遊記，但內容當中似乎又夾雜著一些不食人間煙火的對話，讓我不知所措。後來為了教學上的需要，再度閱讀這篇文章，並以心智圖整理成教學範例的時候，讓我不禁愛上這篇文章。原來蘇軾先藉由寫景抒發心情之後，再與遊船上的客人進行了頗富哲理的對話。

　　因此以心智圖進行分類解析，可先採取故事、記敘文的概念模組——「背景」、「開始」、「發展」、「轉折」、「高潮」、「結尾」與「寄託」，並在其後以文字框填上該段落的內容，以方便全文記憶。接著才分別從記人、敘事與寫景等方面，進行文章的解析。（圖 2-6-04a）

　　以記敘文為主結構疊合敘事、記人、寫景與議論的多重概念模組。

　　從表面上看，這篇文章是屬於記敘文，但文章中客人與蘇軾的對話「客曰：「『月明星稀，烏鵲南飛』，此非曹孟德之詩乎？……是造物者之無盡藏也，而吾與子之所共食（適）。」卻是以議論文的形式出現，它同時也是最精彩之處，是整篇文章的「轉折」與「高潮」，而在議論當中又疊合了記人、敘事與寫景。因此，他們兩人的對話答辯內容，以另外一張心智圖來整理，可以幫助我們更加清晰的理解他們的論點與論據等信息。（圖 2-6-04b）

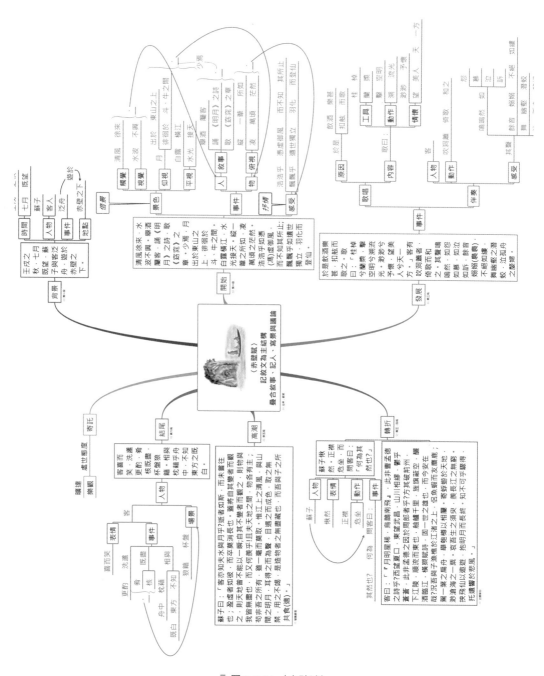

圖 2-6-04a〈赤壁賦〉

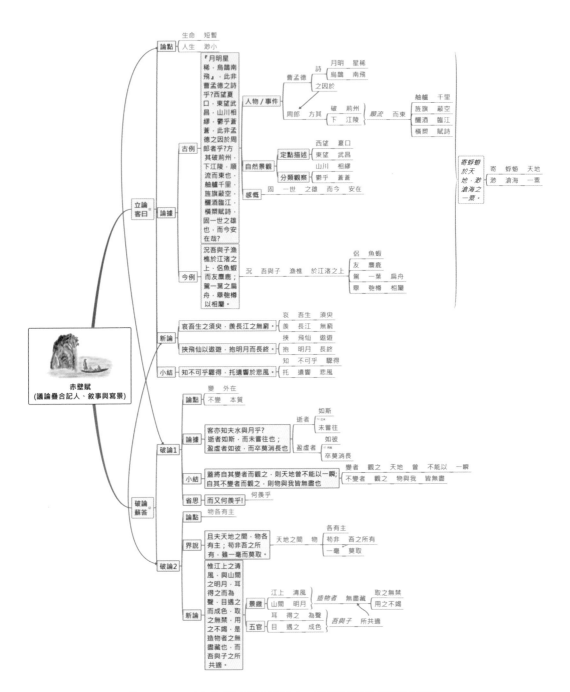

■ 圖 2-6-04b〈赤壁賦〉議論疊合記人、敘事與寫景的多重概念模組

第七節 | 心智圖英語單字記憶法

在英語課堂上，你們一定聽過老師的耳提面命，想要增進英語能力、提高測驗分數，除了創造沉浸式的學習環境，熟悉不同的英語口音，逮到機會就讓自己開口說，以及熟悉文法的基本觀念之外，增加單字的數量是根本解決之道。如何才能快速增加單字的數量呢？在本節中，我將為大家說明，如何應用心智圖分類法與組合法，來增加英語單字的技巧。

▶ 分類法

洪蘭教授在〈在虛擬世界也能學習〉中指出，分類的能力是智慧的基礎。心智圖法很重要的功能與應用技巧之一，就是將大量資訊做出系統性的「分類」。經過分類之後資訊，可以更加具有意義，這對理解與記憶是非常重要的。

應用心智圖法把大量資料做出分類的依據，基本上有兩大原則，第一種是根據資訊本身的特徵屬性，就是將具有相同特徵屬性的資訊歸為同一類，例如將鉛筆、鋼筆、毛筆、水彩筆歸納成「筆」。第二種是根據任務目的做出分類，也就是這些東西都是為了完成某一個任務而存在，例如將水彩筆、顏料、圖畫紙、畫冊、桌子、椅子、老師歸納成「美術課」。學習英語單字的時候，除了可以應用分類的技巧來幫助記憶之外，還有一個非常重要的方法，就是以心智圖來整理字根組合字首、字尾的方式。

依據特徵屬性做分類

　　記憶一個新的英語單字時，可以同時記憶本質上具有相同特徵屬性的單詞。例如學習「cup（杯子）」，同時可以想一想，類似的東西還有哪些呢？查了字典之後會發現還有mug（馬克杯）、glass（酒杯）等，同時你也應該將字典上的說明，都一起學習，像這個單詞是如何演變的，它源自於何處等。

　　別忘了心智圖法的重要原則之一：**提取上層概念**，也就是找出更抽象、包含範圍更廣的一個概念、一個詞語。杯子的上層概念是「容器」，於是我們可以再想想看，容器除了杯子之外，還有哪些東西也是容器呢？查一下字典，馬上可以找到basin、pot、case、barrel、cask、bag⋯⋯等許多單字。於是在心智圖當中，我們以「容器」做為中心主題，採用並列的方式展開「cup」、「basin」、「pot」⋯⋯，這樣從一個單詞延伸出與它相關的單詞一起學習，並在單詞旁邊加上插圖來增強印象。

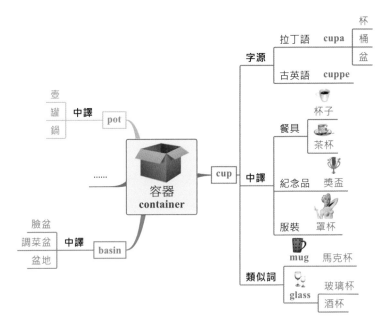

▌圖 2-7-01 根據事物本質上的特徵屬性，增加英語單字記憶量的心智圖。

依據任務目的相關場景做分類

　　學習一個新的英語單字時，千萬別只是重複朗讀，一定要搭配例句來記憶。例如，「candle（蠟燭）」，可以造個例句來記憶──「There is a candle on the table.（桌上有一盞蠟燭）」，同時腦海中出現例句所描寫的畫面。

　　除此之外，我們還可以使用心智圖法來構思更多相關的關鍵詞、豐富學習的內容。例如把完成某一個任務會使用到或相關聯的人、事、時、地、物，加入到短句子當中，編成一個更豐富、更有畫面的句子。

　　首先，將新單詞「candle（蠟燭）」做為心智圖的中心主題，然後以各種場景、任務目的，做為從中心主題展開第一層級的主要主題，例如「生日餐會」、「颱風夜」等。接著再以人、事、時、地、物，做為往下一層的分支主題，並寫出聯想到的關鍵詞；這時候先不要太在意聯想出的各種想法，最後在造句時是否被採用，只要是出現腦海的想法，就同時以中文、英文寫下來，不會寫的英文就查一下字典，這樣可以達到複習或學習另一個新單詞的效果。

　　最後挑選幾個心智圖當中的關鍵詞，做為造句的基礎，再加上必要的動詞、修飾詞、連接詞……等，組合成一個有意義的短句。

October 2nd is my beloved pets Candy and Honey's birthday. We had a cozy dinner at home and Dad bought a fruitcake with pretty candles.

　　在這過程中，除了學習原本的新單詞之外，同時也複習了已經學習過的單詞，甚至還能學習到其他的新單詞，以及練習造句寫作。

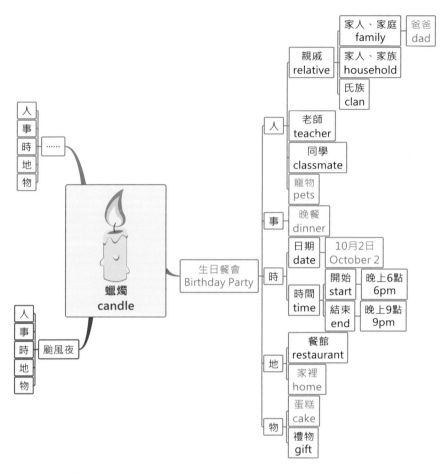

圖 2-7-02 根據任務目的相關場景來增加英語單字記憶量的心智圖

▶ 組合法

　　在英語課堂上，認識一個新單字的時候，老師一定教過你拆解分析這個新單字，它的字根是什麼，因為它的字首是什麼，所以這個單字有了什麼新的意義，因為它是什麼詞性，所以字尾是什麼。

　　例如 prospective 的字首是「pro（向前）」，字根是「spect（看）」，

字尾「tive」是形容詞字尾，組合在一起就有「預期的、有希望的」的意思。

當我們重新置換組合一下字首或字根，馬上可以從學習一個單字變成記住兩個單字，例如字首改成「retro（向後）」，retrospective就是回顧的；字首「pro（向前）」加字根「clam、claim（喊叫、宣稱）」加名詞字尾「ation」，proclamation就是公告或聲明。

不過，並不是每一個英語單字都由字根來組成，它可能是兩個或兩個以上的單字所組成，例如basketball是由「basket（籃子）」和「ball（球）」所組成的，所以basketball是籃球。

當你閱讀完畢上面這兩段文字之後，會不會有一種好像知道，又不是很清楚的感覺呢？那麼如何運用心智圖法來幫助記憶呢？我們一起來看看案例吧！

字根搭配字首、字尾的組合

我以「cord」這個字根為例，「cord」做為字根是「heart（心）」的意思，以它做為心智圖的中心主題，接著以三個大光芒線條列出「字首+字根」、「字根+字尾」與「字首+字根+字尾」三種組合模式。在它們之後再分別列出：

「字首+字根」：「字首re（回、再）」+「字根cord（心、心意）」=「record」，一回二回、再次地鞏固了心意就是「記錄」的意思。

「字根+字尾」：「字根cord（心、心意）」+形容詞字尾「ial」=「cordial」，有心意的，可以解釋為「親切的、衷心的」。

「字首+字根+字尾」：「字首re（回、再）」+「字根cord（心、心意）」+形容詞字尾「able」=「recordable」，意思是「可記錄的」。

由這張心智圖，就可更清晰瞭解從「cord」這個字根組合出來的單字，以及如何從它延伸出更多的單字。以後大家上英語課的時候，每次學習到一個帶有字根的單字，都可以採用心智圖法的方式來分析拆解，讓記憶單字變得更活潑有趣。

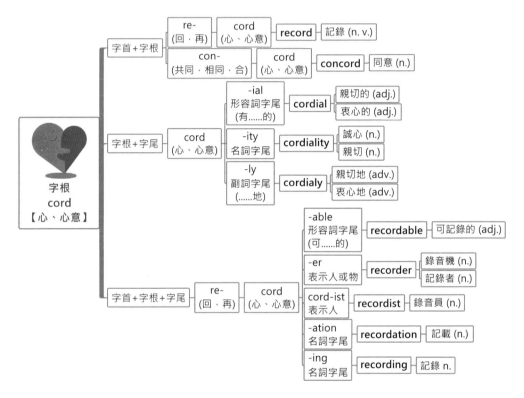

■ 圖 2-7-03 字根搭配字首、字尾的組合。

▍兩個或兩個以上單字的組合

當我們學習到一個單字，它是由兩個或兩個以上單字所組合的時候，我們可以用心智圖進行拆解，並展開光芒的聯想，讓我們一次可以多學習幾個單字。

譬如，somebody（某人）是由「some（一些）」+「body（身體）」所組成，我們可以用「some（一些）」來連接其他的單詞，例如「time」、「day」、「where」等，於是我們學習了somebody（某人），也同時學習了sometime（有時、某個時候）、someday（總有一天、日後）與somewhere（某個地方）。

也可以用「some（一些）」之外的單字連接「body（身體）」，例如「no（沒有）」或「any（任何）」，就會是nobody（沒有人）、anybody（任何人）。

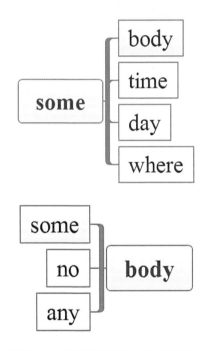

▍圖 2-7-04 兩個或兩個以上單字的組合。

這也是一個很好玩的遊戲，以後學到由兩個或兩個以上的單字組合的新單字，就可用心智圖玩一下類似堆積木的文字光芒聯想的遊戲，看看誰能堆出最宏偉的心智圖。

高效的讀書方法

學習法是一種能夠讓我們應用在學習上的方法與途徑，掌握好的學習方法，不僅能在學校拿到好的成績，而且終身受用。特別現在我們身處在網路世界，知識的取得相對容易許多，但如何篩選出有價值的知識、判斷知識的真偽，是現代學生必備的素養；在快速變遷的社會中，為了解決不斷出現新形態的問題，對於知識的更新與創造，就顯得更為重要。換言之，在知識的吸收、管理、應用與創造的過程中，掌握學習的方法比學習到什麼東西，更具有意義。

所謂的「方法」，指的是解決問題的一系列步驟與過程。它就好比是「地圖」、「作業手冊」，讓我們清楚知道身處何處、該何去何從，欲達目的該走的路徑與步驟為何。學習亦是如此，有效的學習地圖，指引每個正確的學習方向、步驟與內容的實踐，讓我們事半功倍。

但有了「地圖」就可以安心了嗎？那倒未必。你還得去檢視一下地圖適用於當前的情境嗎？地圖上的資料都正確嗎？為什麼衛星導航的圖資必須要經常更新，因為隨著城市的建設，道路、建築物會不斷的改變。我們的「學習地圖」也是同樣的道理，必須與時俱進。

隨著教學環境的變化，以及教學過程所面臨的挑戰，我們對原有的知識進行即時的更新和升級，用新知識來取代舊知識，用更先進的知識來代替過時的知識，以適應新的環境，不但有其必要性，也有著重要性。

當今全球化的風潮與資訊通信技術的發達，導致社會的發展愈加快速，知識更新的週期也愈來愈短。根據聯合國教科文組織（UNESCO，United Nations Educational, Scientific and Cultural Organization）所做的一項研究結果指出，18世紀時，知識更新的週期約為 80 ～ 90 年之間，19 世紀到 20 世紀初，縮短為 30 年左右，20 世紀七〇年代，知識更新週期為 5 ～ 10 年，到了九〇年代，縮短 5 年，而 21 世紀的今天，許多學科知識的更新週期已縮短至 2 ～ 3 年。這說明了我們正處於一個快速變遷的社會，知識不斷更新、挑戰更加激烈，為了保有持續的競爭力，其成功的基礎關鍵要素，就是培養出良好的思考力與學習力。

在我 2014 年出版的《心智圖法：理論與應用》一書中的第五章，我分析歸納整理了各種學習方法，提出了「KMST 知識地圖學習法」。在經過多年的教學與研究獲致的成果，我做出了必要的更新，於是提出了「KMST 知識地圖學習法 2.0（Knowledge Mapping Study Technique 2.0）」，以及幫助提升閱讀理解的「心智圖 RMMR 學習法」。它們適合每一位追求自我成長與面臨考試壓力的學習者，讓學習雖然辛苦但不會痛苦，甚至成為快樂的事情，也讓終身學習可以像呼吸一樣的自然順暢。

<table>
<tr><td>第五章</td><td># RMMR 高效筆記與
記憶學習法</td></tr>
</table>

RMMR 高效筆記與 記憶學習法

第五章

為了方便初學者或考生快速實踐「KMST知識地圖學習法 2.0」，以及準備考試過程中，經由月考、期中考、期末考或模擬考試之後的結果，可能還是無法拿到滿分，原因除了是粗心大意題目沒看清楚之外，就是對課本中的知識內容沒有真正的理解與記憶，甚至是誤解。因此必須針對原本心智圖筆記的內容做出必要的修訂，以面對下一場考試。基於幫助學生解決考試的痛點，在本章中，我將為大家說明考試必勝的心智圖「RMMR學習法」。

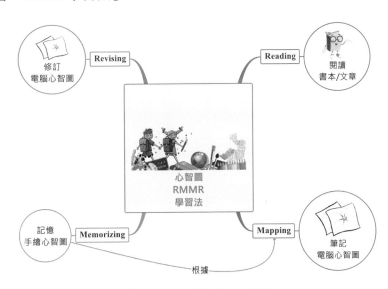

■ 圖 3-1-1 心智圖 RMMR 學習法

第一節 | 閱讀（Reading）階段

　　澳洲南昆士蘭大學（University of Southern Queensland）坎第教授（Philip C. Candy）在《自我導向的終身學習》（*Self-Direction for Lifelong Learning*）一書中指出，閱讀不能只是把文字看過而已，一個有效的閱讀學習過程，應包含以下四個步驟：

　　❶ **綜覽閱讀書本文章**：快速地把文章中的標題結構、主題、段落、圖表、表格等大致閱讀一次，也就是掌握文章中主要的概念、定義。

　　❷ **分析與歸納閱讀的內容**：著重於文字的理解、描述的理解與應用的理解，務必理解文章的意義、內容的描述與應用。

　　❸ **萃取並組織資訊**：以摘要式的筆記來萃取資訊與組織資訊，並確認文章中主要的議題、原則以及支持性的證據。透過這個步驟，可以瞭解主要概念之間的相關性，以及與其他知識點之間的相關程度。

　　❹ **內化與外顯閱讀的資訊**：能夠從文章中，清楚地理解並掌握作者所要傳達的知識、理念，並能夠以自己的意思表達出來。

　　坎第教授所提出四大步驟，是一種在比較高階的認知過程中，透過高層次的閱讀，達到自我導向學習的目標。在他的理論支持之下，我們在 RMMR 學習法的閱讀階段包括了以下四個步驟：

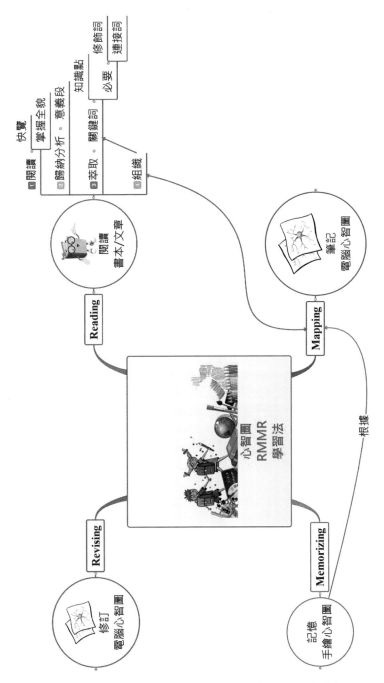

閱讀
①閱讀 — 快覽 — 掌握全貌 ‧ 意義段
②歸納分析 — 知識點 — 修飾詞 — 連接詞
③萃取 — 關鍵詞 — 必要
組織

閱讀
書本/文章

Reading

筆記
電腦心智圖

Mapping

心智圖
RMMR
學習法

根據

Revising

修訂
電腦心智圖

Memorizing

記憶
手繪心智圖

▌圖 3-1-1a 心智圖 RMMR 學習法：閱讀（Reading）階段

一、針對文章內容進行快速瀏覽，以略窺知識的全貌

英法聯軍之役

　　因為清廷禁止販賣和吸食鴉片，爆發了與英國之間的鴉片戰爭，清廷戰敗，與英國簽訂了中國近代第一個不平等條約《南京條約》之後，歐美列強為了擴大在華的權益，多次要求重新修訂過往所簽訂的條約，但都被清政府所拒絕，於是決定再度訴諸武力。

　　當時歐美列強當中的英國與法國都處於帝國快速擴張時期，到處佔領別國的土地，設置殖民地，掠奪資源。

　　1856 年 10 月，廣州水師在黃浦碼頭亞羅號商船逮捕走私的水手，英國駐廣州領事巴夏禮卻聲稱「亞羅號」是英國船隻，因而出兵攻打廣州，法國則利用同年 2 月其傳教士在廣西被殺案，決定聯合英國出兵。

　　英法聯軍之役共分兩個階段，1856 到 1858 年是第一階段。1856 年（咸豐六年）10 月，英軍首先炮轟黃埔。1857 年 12 月英法聯軍攻陷廣州，次年 1 月俘虜兩廣總督葉名琛。1858 年 5 月，聯軍北上攻陷大沽，威脅天津、北京，咸豐皇帝急忙派使議和，6 月分別與英國和法國簽訂《天津條約》。

　　第二階段從 1859 到 1860 年。簽訂《天津條約》之後，清廷加強大沽設防。1859 年，前來換約的英法聯軍欲強登大沽，被清軍擊退，戰事再起。1860 年，英法聯軍大舉北上，先後佔據舟山、煙台、旅順、大沽、天津，並攻入北京，縱兵掠奪、燒毀圓明園。

　　10 月，清廷除承認《天津條約》有效，又與英法簽訂續增的《北京條約》，包括割讓南九龍給英國。

　　英法聯軍之役使中國進一步的割地、賠款，喪失主權。社會精英

發現政府內政貪污腐敗，國防屢戰屢敗後，產生了革新的思想與革命的行動。

在快速瀏覽的時候，暫時別急著畫重點，只要快速地閱讀即可。如果是許多頁的長篇文章，在閱讀的過程中，發現了很重要的知識、自己有興趣的、看不懂的，也**不要**在這些地方停下來慢慢琢磨，只要用鉛筆或便利貼在這些地方做個記號，提醒自己在細讀畫重點的階段別遺漏這部分即可。

二、歸納分析出幾個意義段

這是將文章進行拆解分析的階段，由於這是描述說明某個事件的文章，在分類的模組可以採用「原因、經過、結果」。

文章中「因為清廷禁止販賣和吸食鴉片……設置殖民地，掠奪資源。」是說明英法聯軍之役的「背景」或「遠因」。

「1856 年 10 月，廣州水師在黃浦碼頭……決定聯合英國出兵。」是英法聯軍之役的「近因」。

我們可以將「遠因」與「近因」歸納出一個上層概念「原因」或「緣起」；「英法聯軍之役共分兩個階段，1856 到 1858 年是第一階段……6 月分別與英國和法國簽訂《天津條約》。」是英法聯軍之役「經過」的「第一階段」。

「第二階段從 1859 到 1860 年。簽訂《天津條約》之後，清廷加強大沽設防……攻入北京，縱兵掠奪、燒毀圓明園。」是英法聯軍之役「經過」的「第二階段」。

「10 月，清廷除承認《天津條約》有效……產生了革新的思想與革命的行動。」是英法聯軍之役所造成的「結果」。

英法聯軍之役

緣起－遠因

　　因為清廷禁止販賣和吸食鴉片，爆發了與英國之間的鴉片戰爭，清廷戰敗，與英國簽訂了中國近代第一個不平等條約《南京條約》之後，歐美列強為了擴大在華的權益，多次要求重新修訂過往所簽訂的條約，但都被清政府所拒絕，於是決定再度訴諸武力。

　　當時歐美列強當中的英國與法國都處於帝國快速擴張時期，到處佔領別國的土地，設置殖民地，掠奪資源。

緣起－近因

　　1856 年 10 月，廣州水師在黃浦碼頭亞羅號商船逮捕走私的水手，英國駐廣州領事巴夏禮卻聲稱「亞羅號」是英國船隻，因而出兵攻打廣州，法國則利用同年 2 月其傳教士在廣西被殺案，決定聯合英國出兵。

經過－第一階段

　　英法聯軍之役共分兩個階段，1856 到 1858 年是第一階段。1856 年（咸豐六年）10 月，英軍首先炮轟黃埔。1857 年 12 月英法聯軍攻陷廣州，次年 1 月俘虜兩廣總督葉名琛。1858 年 5 月，聯軍北上攻陷大沽，威脅天津、北京，咸豐皇帝急忙派使議和，6 月分別與英國和法國簽訂《天津條約》。

經過－第二階段

　　第二階段從 1859 到 1860 年。簽訂《天津條約》之後，清廷加強大沽設防。1859 年，前來換約的英法聯軍欲強登大沽，被清軍擊退，戰事再起。1860 年，英法聯軍大舉北上，先後佔據舟山、煙台、旅順、大沽、天津，並攻入北京，縱兵掠奪、燒毀圓明園。

> **結果**
>
> 　10 月，清廷除承認《天津條約》有效，又與英法簽訂續增的《北京條約》，包括割讓南九龍給英國。
>
> 　英法聯軍之役使中國進一步的割地、賠款，喪失主權。社會精英發現政府內政貪污腐敗，國防屢戰屢敗後，產生了革新的思想與革命的行動。

三、將文章分段進行細讀，並以具有邏輯結構、層次分明的進行方式，用螢光筆或彩色筆，在文章中圈選出重點關鍵詞。

　我用「**緣起-遠因**」這一段為各位同學示範畫重點的順序與注意事項。這事件跟簽訂不平等條約的「鴉片戰爭」有關，屬於「遠因」當中的「背景」；同時也跟「歐美列強」的野心，特別是「英國、法國」，這屬於「遠因」當中的「主體」，所以先圈選出這幾個關鍵字。

英法聯軍之役

> **緣起-遠因**
>
> 　因為清廷禁止販賣和吸食鴉片，爆發了與英國之間的鴉片戰爭，清廷戰敗，與英國簽訂了中國近代第一個不平等條約《南京條約》之後，歐美列強為了擴大在華的權益，多次要求重新修訂過往所簽訂的條約，但都被清政府所拒絕，於是決定再度訴諸武力。
>
> 　當時歐美列強當中的英國與法國都處於帝國快速擴張時期，到處佔領別國的土地，設置殖民地，掠奪資源。

接著將描述「鴉片戰爭」的關鍵字標示出來。

英法聯軍之役

緣起-遠因

　　因為清廷禁止販賣和吸食鴉片，爆發了與英國之間的鴉片戰爭，清廷戰敗，與英國簽訂了中國近代第一個不平等條約《南京條約》之後，歐美列強為了擴大在華的權益，多次要求重新修訂過往所簽訂的條約，但都被清政府所拒絕，於是決定再度訴諸武力。

　　當時歐美列強當中的英國與法國都處於帝國快速擴張時期，到處佔領別國的土地，設置殖民地，掠奪資源。

繼續標示出「歐美列強」的行為。

英法聯軍之役

緣起-遠因

　　因為清廷禁止販賣和吸食鴉片，爆發了與英國之間的鴉片戰爭，清廷戰敗，與英國簽訂了中國近代第一個不平等條約《南京條約》之後，歐美列強為了擴大在華的權益，多次要求重新修訂過往所簽訂的條約，但都被清政府所拒絕，於是決定再度訴諸武力。

　　當時歐美列強當中的英國與法國都處於帝國快速擴張時期，到處佔領別國的土地，設置殖民地，掠奪資源。

最後將「英國、法國」之所以藉故發動戰爭的原因標示出來。

英法聯軍之役

緣起-遠因

　　因為清廷禁止販賣和吸食鴉片，爆發了與英國之間的鴉片戰爭，清廷戰敗，與英國簽訂了中國近代第一個不平等條約《南京條約》之後，歐美列強為了擴大在華的權益，多次要求重新修訂過往所簽訂的條約，但都被清政府所拒絕，於是決定再度訴諸武力。

　　當時歐美列強當中的英國與法國都處於帝國快速擴張時期，到處佔領別國的土地，設置殖民地，掠奪資源。

四、將圈選出的重點關鍵字進行有組織、有結構的摘要式整理。這屬於下一個階段：心智圖筆記的步驟。

第二節 | 筆記（Mapping）階段

　　當我們解析並提取出文章的重點關鍵字之後，接著必須針對重點關鍵字，採用摘要式的筆記，來提升對文章進一步的理解與記憶。所謂**摘要式筆記**是一種高層次、有效的學習策略，心智圖法的摘要式筆記強調資訊的系統性、層次性與脈絡性。這也是梅耶教授在《教育心理學：認知取向》一書中強調的組織化策略（Organizational Strategy）。

　　在RMMR筆記這個階段，建議大家使用繪製心智圖的電腦軟體來整理筆記，尤其是文章內容較多、結構較複雜的時候，很難一次就把筆記整理得很周全，日後可能需要做出修訂，電腦軟體繪製的心智圖比較方便做內容的修改。如果文章內容較少、較簡易的話，採用手繪的方式也不錯，大家可以使用可擦拭的色筆來繪製心智圖，方便修改出現錯誤的地方。在筆記的階段大致區分成六個步驟。

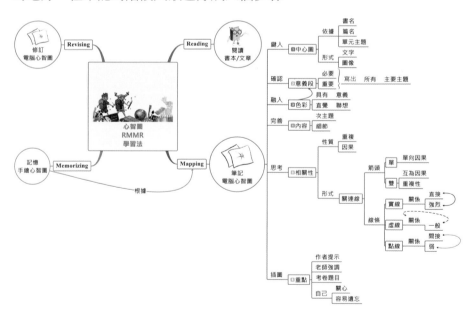

▌圖3-1-1b 心智圖RMMR學習法：（Mapping）階段

一、確認並完成圖文並陳的中心主題

以文章的題目和能代表這個主題的圖像，做為心智圖的中心主題。

▌圖 3-1-1b1 確認並完成圖文並陳的中心主題：〈英法聯軍之役〉

二、掌握並確認必要的主題項目

依據這篇文章體裁的**概念模組**，做為心智圖的主要結構。〈英法聯軍之役〉這篇說明某個歷史事件文章，我們採用事件的「緣起」、事件的「經過」與事件的「結果」，做為主要的結構主題。為了讓我們對文章先有個大致的掌握，可以在主要主題之後增加一些描述。例如，事件的緣起是跟鴉片戰爭衍伸出的歐美列強的野心有關，特別是英國、法國，因此藉由 1856 年 10 月和 2 月的事件發動這場戰爭。

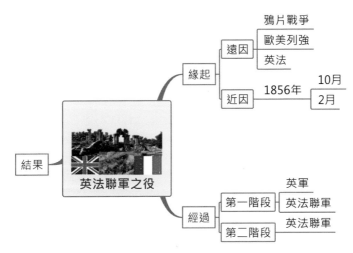

▌圖 3-1-1b2〈英法聯軍之役〉：掌握並確認必要的主題項目

三、針對主題的意義透過線條色彩融入情緒感受

　　根據每一個主要主題所描述的內容，透過與它能產生相關聯的顏色，代表自己的情緒感受。在這個過程可以強化我們對這個主題內容的深刻印象。例如在〈英法聯軍之役〉的緣起，因為這個事件的背景是西方列強在中國掠奪資源的野心，因此我使用代表恐怖、負面的「**黑色**」；整個事件的經過是對中國無止盡的侵略，特別是縱容軍隊掠奪，甚至燒毀皇家園林「圓明園」，因此我使用代表危險、警示的「**紅色**」；事件的結果雖然是簽訂了更多不平等條約，但也激起社會菁英的覺醒，因此我使用代表邁向希望、開展新局的「**藍色**」。

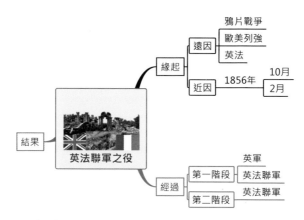

▌圖 3-1-1b3〈英法聯軍之役〉：針對主題的意義，透過線條色彩融入情緒感受。

四、梳理並完成主題項目所包括的細節內容

　　把文章中標示出的關鍵字，判斷它們彼此之間，究竟屬於並列或遞進的關係，在每一個主要主題之後，以樹狀的結構線條，把關鍵字依照它們的邏輯寫在線條上。

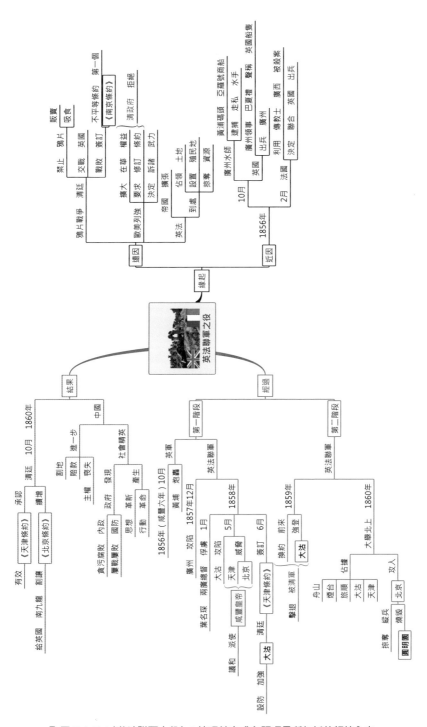

■ 圖 3-1-1b4〈英法聯軍之役〉：梳理並完成主題項目所包括的細節內容

五、探索不同主題之間關鍵字的關連性

　　將文章中的關鍵字全部都整理到自己的心智圖筆記中之後，接下來要思考一下，不同的關鍵字之間，除了採用樹狀結構的並列與遞進關係來展現之外，不同大、中、小主題之間的關鍵字，是否也存在著重複、因果、描述等關係。例如遠因當中的鴉片戰爭，清廷跟英國交戰，結果戰敗，簽訂不平等條約；從「簽訂」有一條雙箭頭線條指向「英國」，這表示不平等條約的簽訂是跟英國簽的，英國跟清廷簽訂不平等條約；在事件經過的第二階段，英法聯軍在 1859 年前來換約，「換約」有一條單箭頭線條指向「天津條約」，一條指向遠因——歐美列強要求修訂條約的「修訂」，這表示要換的合約是「天津條約，」這是造成英法聯軍之役的遠因之一。（圖 3-1-1b5）

六、在關鍵重點的地方加上插圖凸顯重點所在位置

　　最後根據教學或學習的目的，在特別需要注意或記憶的關鍵字加上相關聯的插圖。一篇文章中，哪些關鍵字是特別需要注意的呢？萊斯特（Lester D.）在《如何有效學習（*How to Study: To Learn Better, Pass Examinations, Get Better Grades.*）》一書中告訴我們，大致包括以下四大內容①需要記住的知識或觀念，包括作者在文章中所提示的學習重點、老師指定的學習主題或重點、出現在考古題測驗卷的內容。②出現具有爭議的觀點或意見。③對真實性或正確性有存疑之處。④文章中特別重要或有價值的內容，包括自己關心的議題或想進一步延伸學習的內容。

　　〈英法聯軍之役〉心智圖中（圖 3-1-1b6），我在事件近因的廣州水師逮捕「亞羅號商船」走私水手、事件經過的第二階段——英法聯軍攻

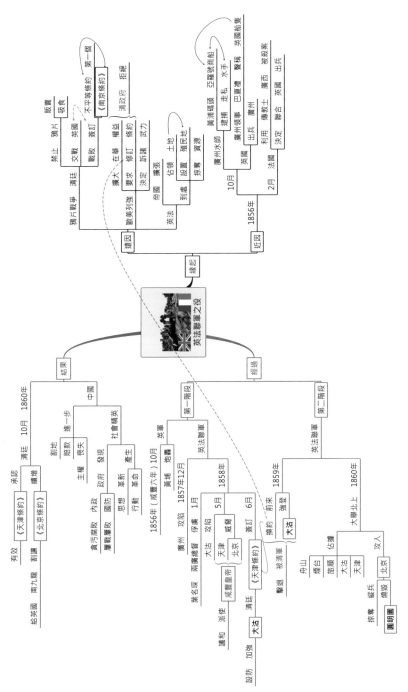

圖 3-1-1b5〈英法聯軍之役〉探索不同主題之間關鍵字的關連性

入北京燒毀「圓明園」、以及結果裡中國社會菁英「產生」革新思想與革命行動，這幾個關鍵字的地方加了插圖，因為這幾個知識點曾經出現在考試卷當中。

〈英法聯軍之役〉的筆記示範案例，我是以心智圖的軟體「Xmind」繪製的，它的優點是操作使用上非常容易上手，功能也很齊全。如果你想要讓電腦心智圖看起來更美觀，可以選擇比較貼近手繪形式的軟體，例如「iMindMap」來製作。（圖 3-1-1b7）

以上六個心智圖筆記步驟是基本的原則，在實務應用上，第四到第六步驟經常是同時交互進行的。

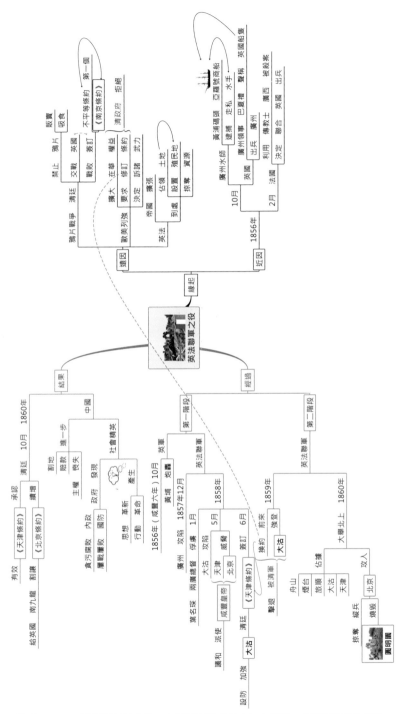

■ 圖3-1-1b6〈英法聯軍之役〉：在關鍵重點的地方加上插圖，凸顯重點所在位置。

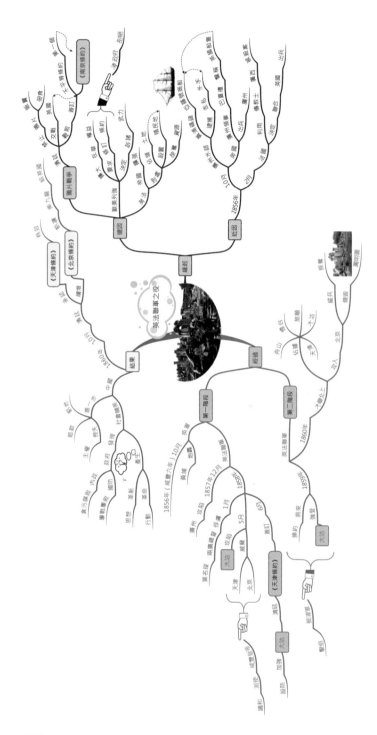

■ 圖 3-1-1b7〈英法聯軍之役〉以 iMindMap 軟體整理，較貼近手繪形式。

活用心智圖快速抓重點，精準拆解考題與文章

第三節 | 記憶（Memorizing）階段

　　增強記憶所使用到的技巧，看似五花八門，但歸納總結起來不外乎有兩種，第一種是情節式記憶，就是把要記憶的事物編成一個幽默、誇張、融入五官感受的故事畫面。第二種是空間位置的記憶，就是把要記憶的事物放置在不同的空間位置，好比創作出活生生、出現在眼前的一幅畫。

　　基於記憶的原理，當我們運用心智圖法來整理讀書筆記的時候，將經歷**關鍵字詞的篩選**與**進行邏輯思考後產生的概念描述、分類結構的階層或因果關係**，並透過關聯線條指出關鍵字詞之間的關係等過程，可以讓思維的語意結構更加粹練、簡潔易懂，讓我們可以先掌握知識的整體概念，再慢慢瞭解細節與探索細節之間的關係，是一種主動思考、深度學習的過程。也符合建構主義的學習觀與精緻化理論的原則，以及大腦有效吸收資訊的關聯性、意義化法則。

　　更重要的是，當學生以電腦軟體整理了屬於自己的心智圖讀書筆記，接著再次以繪製方式進行複習，更有助於將課本中的知識點從短期記憶轉為長期記憶，強化了學習的效果。

　　在RMMR的記憶階段有以下四個步驟：

一、手繪心智圖：逐步複習並記憶全部內容

　　將原本已經採用電腦軟體繪製好的筆記，拿出白紙與水性彩色筆，再次以手繪的方式進行複習並記憶。可以是原本整張心智圖的內容，也可以只挑選自己覺得比較陌生、複雜或特別重要的知識內容。

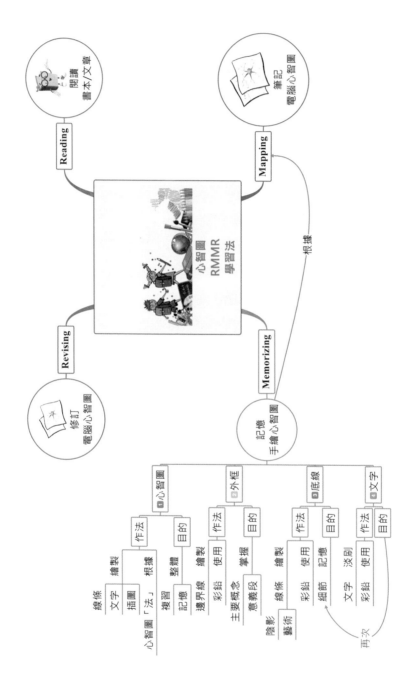

图 3-1-1c 心智圖 RMMR 學習法：記憶（Memorizing）階段

例如〈英法聯軍之役〉的原因與產生的影響、火燒圓明園發生在哪一場戰役？都是經常出現的考試題目。由於產生的影響，經由電腦軟體整理筆記時，已能充分理解並記住；圓明園被大火燒得精光是誰做的？用諧音聯想就很好記，皇帝飼養在圓明園的老「鷹」被大火把頭「髮」燒光，「鷹髮」的諧音很像「英法」；至於造成〈英法聯軍之役〉的原因內容較多、較複雜，考試也會考，所以針對事件的原因，也就是心智圖中「緣起」的部分，我們再以手繪方式強化對內容的記憶。

繪製的過程要掌握心智圖法的原則，先繪製大方向，再到細節。同時避免一次只抄寫一個關鍵字，應採取一次一個小群組的方式。例如：

〈英法聯軍之役〉的「緣起」包括了遠因和近因，於是我們選擇跟鴉片戰爭不平等條約相關聯的**紫色**、藉故商船走私水手被逮相關聯的**橙色**，來畫從中心主題圖像展開的大光芒線條與寫上文字。

▌圖 3-1-1c1a 手繪心智圖：〈英法聯軍之役〉的「緣起」之一。

接下來根據電腦心智圖的內容，開始手繪書寫細節內容的時候，不要眼睛看電腦螢幕上的一個關鍵字，馬上在紙張寫一個關鍵字，而是多包括幾個關鍵字，讓意思完整一點。例如遠因跟鴉片戰爭、歐美列強有關，特別是英法兩國。於是從遠因展開三個小光芒線條，以及在線條上寫上文字。

▋圖 3-1-1c1b 手繪心智圖：〈英法聯軍之役〉的「緣起」之二。

接著把跟鴉片戰爭相關的描述同時完成。

▋圖 3-1-1c1c 手繪心智圖：〈英法聯軍之役〉的「緣起」之三。

同時完成關於歐美列強野心的內容。

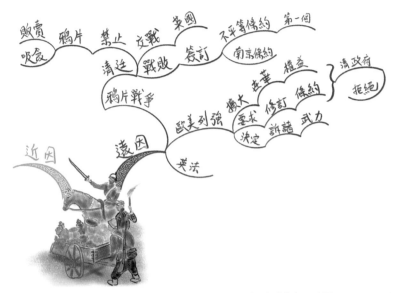

▌圖 3-1-1c1d 手繪心智圖：〈英法聯軍之役〉的「緣起」之四。

同時完成關於英法兩國行徑的內容。

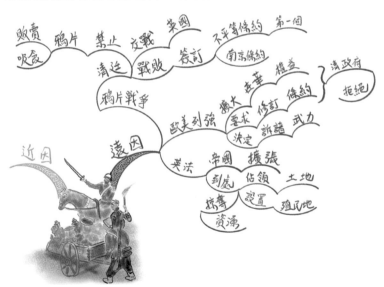

▌圖 3-1-1c1e 手繪心智圖：〈英法聯軍之役〉的「緣起」之五。

在近因的部分，也是採用一次同時完成一個小主題的方式逐一完成。

　　經過手繪心智圖筆記的程序，已經可以大大的加深印象，但是為了能在考試中穩穩地拿到好成績，接下來三個步驟是不可少的。

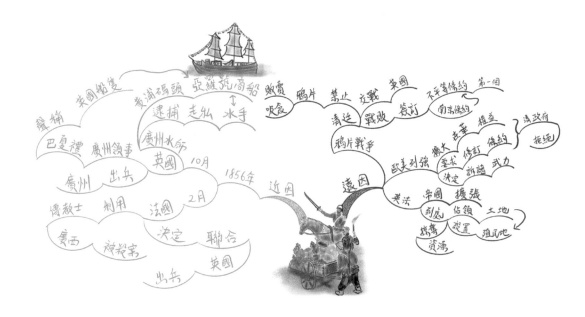

■ 圖 3-1-1c1f 手繪心智圖：〈英法聯軍之役〉的「緣起」之六。

二、在樹狀結構上加外框線條：
　　記憶主題涉及的議題與關鍵重點

　　拿出與大光芒線條一樣或略淺一點的彩色鉛筆，沿著樹枝狀的外沿，畫出像樹葉或變形蟲的外框（邊界線）。畫邊界線時，腦袋可不能一片空白，而要記憶這個主題涉及的議題和關鍵重點，也就是說出這個主

題的大意。例如畫「遠因」的邊界線時，腦中要複誦：「英法聯軍的遠因是跟鴉片戰爭簽訂不平等條約，以及歐美列強，特別是英法兩國，到處掠奪資源的野心有關」。畫「近因」的邊界線時，腦中要複誦：「1856年廣州水師逮捕走私，英國藉故出兵，法國也藉故聯合英國出兵」。

▊ 圖 3-1-1c1g 手繪心智圖：〈英法聯軍之役〉在樹狀結構上加外框線條。

三、美化分支線條：記憶細節內容

　　使用與大光芒線條一樣或略淺一點的彩色鉛筆，沿著分支線條畫出類似陰影的底線來美化線條，順序與繪製心智圖的步驟相同。美化線條時，腦中複誦線條上的文字，有助於記憶心智圖筆記的細節內容。

四、淡刷文字：再次記憶細節內容

　　使用與大光芒線條一樣或略淺一點的彩色鉛筆，在文字上面塗上淡淡的顏色，順序與繪製心智圖的步驟相同。在這個步驟腦中，也必須複誦被淡刷的文字，目的都是幫助我們記憶心智圖筆記的細節內容。

第四節 | 修訂（Revising）階段

　　經過閱讀、筆記與記憶三個階段之後，我們應有充分的信心上考場，但是否真的掌握並純熟記住了課本的重點呢？時常複習是絕對必要的，另外透過寫測驗卷或參加模擬考試，也都是很好檢驗成果的機會，可以看出哪些考試重點被我們忽略了、誤解或沒有真正記住的。

　　在複習的時候，如果發現原本的心智圖筆記遺漏了一些重點、邏輯結構出現一些謬誤，或寫測驗卷、參加模擬考後出現寫錯了、回答不出來，這時候必須將第二階段時用電腦軟體所整理的讀書筆記，以下列四個步驟，做出必要的補充與修訂：

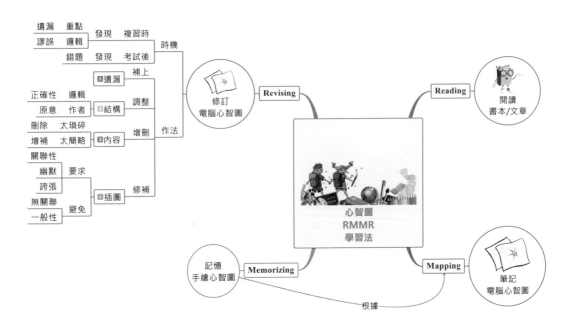

▌圖 3-1-1d 心智圖RMMR學習法：修訂（Revising）階段

一、重點有無遺漏？

　　檢視錯誤試題的正確內容，是否出現在你的心智圖筆記中？如果沒有，表示當時你可能認為它不重要，或自認已經很熟悉，所以忽略了。這時請趕緊將該考題的內容補充到你的心智圖筆記中。

　　如果你的心智圖筆記已經有記載錯誤試題的內容，請接著進入第二步驟。

二、邏輯是否正確？

　　檢視錯誤試題的內容，在心智圖中的**邏輯結構**是否正確？有無誤解作者的本意？如果有的話，請釐清正確的邏輯與事實之後，調整心智圖**中關鍵詞的順序位置**或使用正確的語詞。

　　如果錯誤試題內容，在心智圖當中的邏輯結構都很正確，而且沒有誤解作者的本意，請接著進入第三步驟。

三、內容過繁或過簡？

　　檢視錯誤試題的內容，在心智圖當中的關鍵詞數量是否太多或太少？太多會影響記憶的效果，太簡略則會妨礙理解，請做出必要的刪減或增補。

　　如果關鍵詞的數量還算合適，請接著進入第四步驟。

四、插圖是否合適？

　　檢視錯誤試題的內容，在心智圖當中是否加上了幫助記憶的插圖？如果沒有，趕緊加上跟內容相關的圖像。如果已經有插圖，判斷一下插圖是否跟內容的關聯性不大，或太平凡，如果是的話，換一個比較幽默、誇張，又跟內容相關聯的圖像吧！

　　完成RMMR修訂階段的四步驟之後，請再回到第三階段，以手繪心智圖的四步驟，再次記憶修訂後的筆記內容。

第六章

KMST 知識地圖
學習法 2.0

. . . .

「KMST知識地圖學習法 2.0」適用於高中以上的學生，或針對大量知識內容的書籍，例如行政學、管理學、教育學、心理學……等專書或論文，進行深度、高層次的學習。這個學習方法將讀書學習分成三個階段，分別是探索階段、筆記階段與記憶階段。

第一節 | KMST 探索階段（圖 3-2-1）

為了達到見林也見樹的系統化學習，掌握有價值的資訊，避免浪費時間閱讀、記憶不符合學習目標的內容。因此，在花大量時間細讀一本書或長篇文章之前，可先透過下列三個步驟，掌握書本內容的概要，並設定閱讀這本書的學習目標。

一、 拿到一本書的時候，先從書名、**目錄中的章節標題**思考一下，針對這本書在還沒有閱讀文章內容之前，你已經瞭解的東西有多少？如果你是作者，你會寫出哪些重點？將你的想法以重點摘要的心智圖（手繪或電腦軟件繪製皆可）方式列出來。

二、 快速瀏覽一下整本書的每一頁，特別留意內容的**結構與標題、圖表**等，如果看到有不懂的地方或重要的資訊，請先**不要停頓下來思索**，只要在這個頁面貼個小標籤，提醒自己這裡有需要細讀的內容即可。接著繼續快速把內容看完。

三、 思考一下作者透過這本書想要表達的重點是什麼？你可以從這本書學到什麼？以心智圖（手繪或電腦軟件繪製皆可）列出你的學習目標與學習重點，一時之間不知要如何設定自己閱讀學習的目標，可以參考下列其中一項或多項：①作者所提示的學習綱要；②老師指定的學習主題或方向；③過往的考試題目；④自己關心的議題或想學習的內容。最後與第一階段所繪製的心智圖做個比較，看看哪些是你還未閱讀書本之前，就已經知道的知識。

第二節 │ **KMST 筆記階段**（圖 3-2-2）

經過探索階段之後，如果該書值得進一步深入學習，就可以透過心智圖筆記來萃取並組織資訊。此一階段不僅只是記錄知識點而已，事實上它是一個可以提升對內容理解與記憶的有效過程。

一、 再次快速瀏覽一下整本書，這時把閱讀重心放在出現符合學習目標與學習重點的章節段落上。

二、 仔細閱讀文章當中，符合學習目標、學習重點的內容，或探索階段第二步驟中貼上小標籤的艱澀難懂章節、段落，並以具有邏輯順序的方式，用螢光筆或彩色筆標示出關鍵詞。

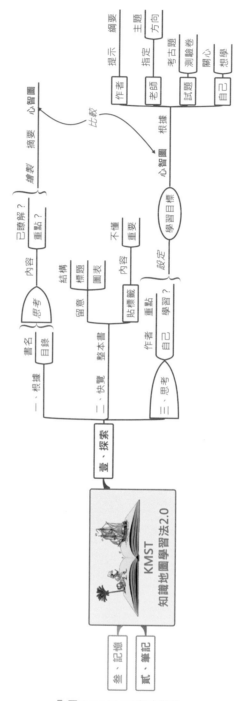

壹、探索

一、根據
- 書名
- 目錄
- 思考
  - 內容
    - 已瞭解?
    - 重點?

二、快覽
- 整本書
  - 留意
    - 結構
    - 標題
    - 圖表
  - 貼標籤
    - 內容
      - 不懂
      - 重要

三、思考
- 作者
- 自己
  - 設定
    - 重點?
    - 學習?
  - 學習目標

繪製 ─ 摘要 ─ 心智圖

比較

根據 ─ 心智圖

- 作者
  - 提示
    - 綱要
    - 主題
    - 方向
- 老師
  - 指定
- 試題
  - 考古題
  - 測驗卷
- 自己
  - 關心
  - 想學

KMST
知識地圖學習法2.0

貳、筆記
參、記憶

▌圖 3-2-1 KMST 探索階段

三、 以繪製心智圖的軟件，將上一步驟所標示出的關鍵詞，整理轉化成結構清晰、易懂易記的心智圖學習筆記，其步驟與RMMR的筆記階段是相同的。

(1) **確認核心主題**：以文字以及（或）能夠貼切表達書名或文章標題的圖像，作為中心主題。

(2) **掌握主要架構**：從學習（或教學）的目標，選擇所需之章節名稱、意義段的概念或文體的概念模組，作為展開第一階層大光芒線條上的各個主要主題（主幹線條上的關鍵詞）。

(3) **融入情緒感受**：依據章節、意義段或概念模組的內容意涵，將線條色彩修改成對自己具有意義、代表感受性的顏色。

(4) **梳理細節內容**：提取出必要的關鍵詞，並依其內容之邏輯結構，分別從各個主要主題，展開次主題或內容細節。

(5) **探索關連性**：檢視不同知識點（關鍵字）之間是否具有關連性，並以不同形式的箭頭線條指出其相關性，必要時可在線條上以文字作補充說明。

(6) **凸顯關鍵重點**：檢視心智圖當中的內容，並在作者提示的重點、老師上課時強調的重點、考試卷出現過的內容或自己容易遺忘的關鍵詞上，插入相關聯的圖像，以強化記憶的效果。

以上所述繪製心智圖讀書學習筆記的六個步驟只是基本的原則，在實務應用針對內容較多的場景上，第4到第6步驟經常是同時進行的。

四、 以與作者虛擬對話的方式，檢視心智圖的內容是否滿足原先預期的學習目標與重點，如有必要的話，將你的心智圖學習筆記，做出局部的調整與增修。

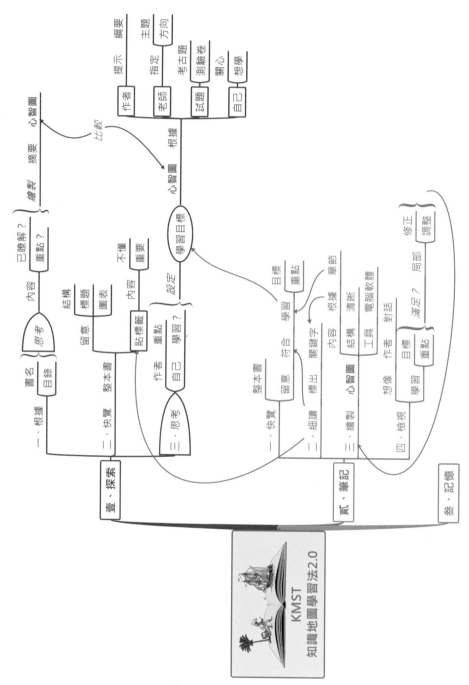

圖 3-2-2 KMST 筆記階段

第三節 | **KMST 記憶階段**（圖 3-2-3）

以我自己報考碩士班、博士班的入學筆試，以及輔導無數的學員報考公務員、升學考試的成功經驗，在讀書準備考試的時候，在經歷了 KMST 知識地圖學習法的筆記階段，書中大部分的內容，因為透過深度的理解，已經可以牢牢記住。但是，有些內容不僅容易混淆也難以記憶，因此有必要透過知識地圖學習法的記憶階段來強化學習的效果，它的第一到第四步驟與 RMMR 的記憶階段是類似的。

一、 **手繪心智圖**：針對在筆記階段，以心智圖軟體整理好的內容當中，有需要特別加強記憶的部分，再以手繪心智圖的方式，重新繪製一次以幫助記憶。請注意，不要只是看著電腦上的心智圖，一個關鍵字、一個關鍵字的抄寫過來，而是一次多看幾個關鍵字，組成一個有意義的概念之後，憑著印象把內容畫出來。再次提醒，手繪心智圖的時候不要只沉醉畫出漂亮的圖，而是在繪製的過程中，同時複習並記憶圖中的內容，其過程與電腦繪製類似，做法與規則如下：

（1）以圖文並茂的方式，在一張 A4 白紙上畫出一個 5 公分左右，能代表這張心智圖核心主題，且能留下強烈印象的中心圖（central image），它必須是彩色（三個以上的顏色）的圖，並在圖中留下適當的空白，來書寫核心主題的文字。

（2）選擇、確認需要記憶的範圍內容，並針對內容區分成幾個主要主題、意義段或類別。

（3）畫出所有第一層級的大光芒線條，與書寫主要主題的文

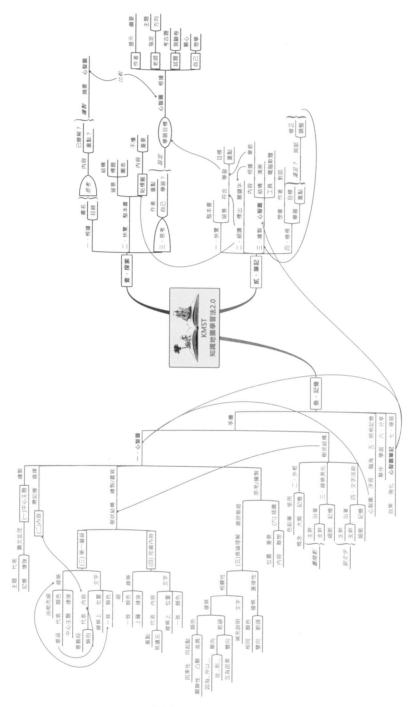

圖 3-2-3 KMST 記憶階段

活用心智圖快速抓重點，精準拆解考題與文章

字。透過使用與這個主要主題有關連的顏色，繪製各個樹狀結構的線條，書寫文字時，再次強化對該意義段或類別意涵的情緒感受。線條要與中心的圖像連接在一起，並且是**由粗而細、從中心往外畫出去**，線條上文字的顏色基本上與線條同色，除非是太淡的色系，可選擇較深一點的顏色來書寫。

（4）接著陸續完善每個主要主題所包括的內容。這時第二層級以下的線條，只要畫成一般的粗細即可。線條若是**往上的方向畫凸形，往下則凹形**，線條與文字的顏色原則上與第一層級相同。再次強調，**文字一律寫在線條上**。

（5）如果不同信息之間出現重複或有相關性，要以**單箭頭**或**雙箭頭的實線、虛線**或**點線的關聯線條**來指出它們關聯性。

（6）在特別重要的地方，加上能對內容產生聯想的彩色插圖，以增強視覺上的注意力與內容的記憶效果。

二、 以相同或類似顏色的彩色鉛筆，在每一個主要主題所展開的樹狀結構，沿著邊緣畫出一個包覆狀的邊界外框。透過這個過程，記憶這篇文章的大意。

三、 接著也是以相同或類似顏色的彩色鉛筆，沿著線條畫出陰影的美術效果，除了創造美感，同時記憶線條上的細節內容。

四、 同樣也是以相同或類似顏色的彩色鉛筆，淡刷線條上的文字，並再次記憶線條上的細節內容。

五、 最後，以照相記憶的方式，讓手繪心智圖可以輕鬆浮現腦海為止。

六、 將整理好的心智圖學習筆記，用自己的表達方式分享給學習

夥伴。

七、 往後，經常複習你的心智圖學習筆記，以強化對書本（或文章）重點內容的記憶效果。

第四節 | **KMST 的應用時機**

心智圖「RMMR 學習法」是從「KMST 知識地圖學習法 2.0」衍生出的方法，兩者有共同之處，也有差異的地方。心智圖「RMMR 學習法」適用於面對任何類型考試，對於單一主題或短篇文章，需要完整記憶的學生。

「KMST 知識地圖學習法 2.0」則適用於整本書或大量資料的學習，同時面對不同的學習情境，可以彈性調整探索階段、筆記階段與記憶階段的內容：

★ 研究所入學考試、公務員考試的考生：建議依照三階段的步驟內容，紮實學習。

★ 研究生的課業學習、撰寫論文時的文獻整理，或因為工作需要蒐集資料，整理成自己知識庫者：只需進行到探索與筆記階段；在探索階段中，直接從第二步驟快覽整本書開始。第三步驟設定學習目標，也只要依據自己關心的、想學的即可。

★ 逛書店尋找書籍閱讀者：只需在探索階段的第二步驟快速瀏覽整本書，並留意書中的結構、標題與圖表，並在第三步驟注意自己關心、想學習的是否出現在這本書當中，以此來做為是否購書的依據。

國家圖書館出版品預行編目資料

活用心智圖快速抓重點,精準拆解考題與文章 : 新課綱
必備讀書法、高效筆記與考試拿高分的技巧/孫
易新著. -- 一版. -- 臺北市 : 商周出版 : 英屬蓋曼
群島商家庭傳媒股份有限公司城邦分公司發行,
2023.01 面 ; 公分. --
ISBN 978-626-318-546-3(平裝)

1.CST: 學習方法 2.CST: 讀書法

521.1   111021326

線上版讀者回函卡

全腦學習 34

活用心智圖快速抓重點，精準拆解考題與文章

新課綱必備讀書法、高效筆記與考試拿高分的技巧

作　　　者／孫易新
企 劃 選 書／黃靖卉
責 任 編 輯／彭子宸

版　　　權／吳亭儀、林易萱、江欣瑜
行 銷 業 務／周佑潔、黃崇華、賴玉嵐、賴正祐
總 編 輯／黃靖卉
總 經 理／彭之琬
事業群總經理／黃淑貞
發 行 人／何飛鵬
法 律 顧 問／元禾法律事務所王子文律師
出　　　版／商周出版
　　　　　　臺北市 104 民生東路二段 141 號 9 樓
　　　　　　電話：(02) 25007008　傳真：(02)25007759
　　　　　　blog: http://bwp25007008.pixnet.net/blog
　　　　　　E-mail：bwp.service@cite.com.tw
發　　　行／英屬蓋曼群島商家庭傳媒股份有限公司城邦分公司
　　　　　　臺北市中山區民生東路二段 141 號 2 樓
　　　　　　書虫客服服務專線：02-25007718；25007719
　　　　　　24 小時傳真專線：02-25001990；25001991
　　　　　　服務時間：週一至週五上午 09:30-12:00；下午 13:30-17:00
　　　　　　劃撥帳號：19863813；戶名：書虫股份有限公司
　　　　　　讀者服務信箱：service@readingclub.com.tw
　　　　　　城邦讀書花園 www.cite.com.tw
香港發行所／城邦（香港）出版集團
　　　　　　香港灣仔駱克道 193 號東超商業中心 1 樓＿E-mail：hkcite@biznetvigator.com
　　　　　　電話：(852) 25086231　　傳真：(852) 25789337
馬新發行所／城邦（馬新）出版集團【Cite (M) Sdn Bhd】
　　　　　　41, Jalan Radin Anum, Bandar Baru Sri Petaling, 57000 Kuala Lumpur, Malaysia.
　　　　　　電話：(603)90563833　傳真：(603)90576622　Email：services@cite.my

封 面 設 計／李東記
版 面 設 計／林曉涵
印　　　刷／中原造像股份有限公司
經 銷 商／聯合發行股份有限公司
　　　　　　新北市231新店區寶橋路235巷6弄6號2樓電話：(02) 29178022　傳真：(02) 29110053

■ 2023 年 1 月 9 日一版一刷   Printed in Taiwan
定價 460 元

城邦讀書花園
www.cite.com.tw